LA RÉINCARNATION ET LA VIE ÉTERNELLE

Vie éternelle ou vie dans la vie ?

Hettie-Henriette Védrine

LA RÉINCARNATION ET LA VIE ÉTERNELLE

Vie éternelle ou vie dans la vie ?

De Vecchi

Conception graphique de la couverture : YES

À mes enfants

Introduction

« La question qui nous touche le plus est l'immortalité »

(Henri Poincaré)

En dépit de la modernité, de la technicité et des découvertes scientifiques époustouflantes qui caractérisent notre époque, la vie et la mort, ces deux pôles de l'existence, gardent toujours leur puissant mystère, et nous demeurons dans une perpétuelle incertitude quant aux rapports ambivalents et ambigus qui marquent ces deux états auxquels nous sommes tous assujettis. Qu'est-ce que la vie ? D'où vient-elle ?

Nous n'en savons strictement rien. Et pourquoi la mort, qui lui succède inexorablement ? Même ignorance fatale, doublée de peur et d'angoisse, face à cette inconnue. Car, bien évidemment, aucune science humaine – que ce soit la philosophie, la théologie, la physique, la biologie, la génétique, etc. – ne peut répondre péremptoirement à ces deux interrogations fondamentales, qui restent en suspens depuis que le monde est monde, c'est-à-dire depuis fort longtemps !

Néanmoins, si l'on ignore tout de la vie, bien que nous soyons immergés en elle, l'autre versant, son écho, la mort, nous paraît tout aussi obscur, voire plus impénétrable encore de par la relation confuse qu'entretiennent les deux faces de cette médaille. Tout ce que nous pouvons constater avec amertume, sans pouvoir y remédier, c'est que la mort est tapie dans la vie, lovée au plus intime de notre sang et de nos cellules, inscrite de façon indélébile dans nos gènes, comme une image inversée dans le miroir de notre être.

Cependant, nous verrons par la suite, au cours de cet ouvrage, que la possibilité de réconcilier ces deux états contradictoires (que nous croyons antagonistes) et pourtant indissolublement liés, se trouve dans la pluralité des existences, le « renaître » ou la « réincarnation », possible clé explicative de la vie et de la mort, ce labeur obligatoire qui incombe à tout être humain sans qu'il puisse se trouver d'échappatoire.

Nous verrons aussi l'interrogation qui s'élève maintenant parmi les chrétiens « modernes » qui ne se satisfont plus de la « foi du charbonnier », tous ceux, et ils sont nombreux, qui veulent connaître et comprendre la raison de leur passage ici-bas.

Face à une Église qui se veut seule détentrice de la vérité, ignorant ou frappant d'anathème les autres religions de la planète, et qui se bouche les oreilles au seul mot de « réincarnation », les fidèles – il y en a encore – demandent des explications. Ils refusent de mourir idiots. La promesse d'un paradis peuplé d'angelots joufflus jouant de la harpe aux pieds d'un bon vieillard barbu (Dieu ?), assis sur un nuage, ne les réconforte pas.

Qu'y a-t-il après la mort ?

Question fort embarrassante pour l'Église d'aujourd'hui qui se retranche toujours derrière la notion absconse de « vie éternelle », éludant ainsi une réponse plus circonstanciée, bien que l'abus de pouvoir spirituel qu'elle pratique depuis deux mille ans se soit effrité avec Vatican II. Dans la galaxie catholique, une croyance tiède et sans relief a remplacé les certitudes d'un catéchisme devenu obsolète, caduc, entraînant une aridité de l'âme dont nous pouvons constater jour après jour les tristes effets sur l'homme moderne : solitude morale, angoisse permanente de son devenir, athéisme dans le sens de négation totale d'une dimension spirituelle qui reste à démontrer, dégoût de vivre générateur d'un « à quoi bon » désabusé, etc.

Mais l'homme moderne, rejetant inconsciemment l'effet dissolvant d'une culture matérialiste, désacralisée, appauvrie spirituellement, prend aussi conscience d'un « manque » et cherche à tâtons une nouvelle direction de vie. On a dit que l'homme était un animal religieux, c'est-à-dire préoccupé de ce qui n'est pas immédiat. Il pense... il réfléchit... et quand sa vie s'en va vers le nadir de la mort qui le guette, il songe à l'éternité et il a peur... Il ressent sans pouvoir l'expliquer la chute d'une civilisation dont les vecteurs de changements sociologiques, philosophiques, psychologiques, trop poussés, angoissent son psychisme. Il constate que la science, dans sa froide omniprésence, et la religion, plus que défaillante, toutes deux dépassées par un présent et un avenir incertains, sont incapables de répondre à ses interrogations fondamentales.

Il est vrai que notre époque, prise dans le tourbillon d'un progrès qui, tel le Moloch biblique, dévore ses propres adorateurs, n'a plus le temps de se poser de questions.

Au XIXe siècle, les savants positivistes prétendaient avoir résolu les énigmes de l'univers. Berthelot, grand chimiste, affirmait : « Le monde est aujourd'hui sans mystère. La conception rationnelle prétend tout éclairer et tout comprendre. Elle s'efforce de donner de toutes choses une explication positive et logique et elle étend son déterminisme fatal jusqu'au monde moral. » Ainsi, confortablement installé dans des certitudes qui balayaient le mystère, le monde scientifique assurait qu'il n'y avait plus d'inconnu et que le peu qui n'était pas encore découvert le serait un jour ou l'autre.

Cependant, en dépit des progrès inouïs du XXe siècle et à l'aube du XXIe, qui s'avance dans l'assurance orgueilleuse de toutes ses technologies, au fur et à mesure des découvertes et des percées audacieuses dans tous les domaines, les notions claires et distinctes d'espace, de temps, d'énergie, de réalité, nous échappent de plus en plus ou se révèlent encore plus mystérieuses chaque fois que nous les approfondissons.

Et de ce fait, le monde matériel tangible dans lequel nous vivons et que nous croyons pratiquement sans secret, n'est pas moins obscur en définitive que le monde spirituel, qui ressemble fort à une *terra incognita*.

Au bord de l'« océan des choses », l'univers physique et le spirituel reposent sur des pilotis métaphysiques enfoncés dans le mystère le plus absolu. Et notre corps lui-même, cet inconnu, participe de ce mystère dans sa constitution trinitaire, dont nous développerons les modalités dans le cours de cet ouvrage.

Cependant, les nouvelles générations, ces « enfants du Verseau », citoyens des étoiles, turbulente jeunesse qui mêle étroitement langages spécifiques, modes vestimentaires, musique (pop, rock), liberté sexuelle, idées neuves de générosité, d'entraide, d'abolition de race, de classe, de patrie, de couleur, cette jeunesse rejette un ordre de valeurs qui n'a plus cours pour elle, notamment quand la société et surtout l'Église l'encombrent d'interdits, d'idéologies pesantes, de directives intransigeantes touchant son mode de vie, telles les exhortations du pape qui invite les gens à « relever avec courage le défi du sida » tout en réaffirmant son hostilité au préservatif, qui condamne la contraception ou la pilule abortive RU 486 sans donner les seules raisons métaphysiques qui pourraient justifier ces interdictions – car il faudrait obligatoirement parler de réincarnation.

La génération montante juge le « vieux monde » corrompu, étriqué, incapable d'étancher cette soif de changement qu'elle croit pouvoir apaiser au travers de substituts tels que la drogue, la violence gratuite, la révolte et les contestations de tous ordres, palliatifs qui lui donnent l'illusion intermittente de l'évasion vers un « ailleurs », un quelque chose d'indéfinissable dont elle a confusément la nostalgie.

« Nous n'avons pas besoin de sociologues, clament les jeunes chrétiens, nous avons faim de Dieu, de Parole de vie. » En dépit de la séduction de la société de consommation, de la course effrénée vers le progrès synonyme de bonheur, les jeunes, faisant fi de l'expérience des parents, pas très convaincante à leurs yeux, se tournent vers d'autres objectifs. Ils misent sur autre chose que la réussite sociale. Chercher et trouver un sens à leur vie personnelle, à la vie en général, leur paraît de première importance. Ils veulent se réaliser, gagner moins peut-être, mais surtout vivre... être...

Dans les grands bouillonnements des mouvements étudiants qui agitent sporadiquement la jeunesse, on peut constater, malgré les réformes successives plus ou moins bien élaborées et appliquées, que le système éducatif hérité du XIXe siècle ne correspond plus à ses aspirations. La pensée actuelle, fondée sur la rationalisation à outrance, détruit les potentialités du cerveau droit (intuition, imagination, créativité, spiritualité, sensibilité) au profit du cerveau gauche (logique, raison, pragmatisme).

Que faut-il penser de ces jeunes étudiants lyonnais qui pratiquent assidûment le vieux pèlerinage de Compostelle dans les conditions exactes des pèlerins du Moyen Âge et qui assurent : « Compostelle, c'est plus dans notre culture que Katmandou, mais nous faisons aussi le pèlerinage de Notre-Dame de Fourvière à Lyon. » D'autres s'en vont à Chartres sur les traces de Péguy... Que cherchent-ils en pérégrinant sur ces anciennes routes de la foi ? Dieu ? la Vérité ?

Il est certain que ces jeunes recherchent autre chose que les demi-vérités distillées au compte-gouttes par une Église désuète, corsetée dans ses dogmes rigides. Ces jeunes veulent pouvoir se fonder sur un but, un idéal, une spiritualité valable, qui leur redonneraient simplement le goût de vivre, non pas arbitrairement une seule et unique existence, si frustrante et limitative, mais une infinité de vies dans la Vie.

La réincarnation pourrait bien être en mesure de leur apporter une « aide » précieuse dans leur urgence à vivre pleinement. Et si, par bonheur, l'enseignement et la compréhension de cette loi de transmigration des âmes pouvaient coïncider avec la recherche scientifique la plus pointue, celle qui espère trouver le secret de la vie, et si cette recherche allait de pair avec une Révélation religieuse conduite intelligemment, il y aurait, sans nul doute, un grand pas de fait.

C'est la raison d'être de cet essai, qui espère modestement éclairer les chrétiens particulièrement agressés, dans l'assiduité de leur foi, par les exigences troublantes de notre monde moderne. Ce serait une manière de synthèse claire qui descendrait des principes aux conséquences, des causes aux effets, dans le cadre grandiose des lois de l'univers.

Chapitre premier

Être ou ne pas être

> *« Il y a un temps pour tout… un temps pour naître et un temps pour mourir »*
>
> (Ecclésiaste, III, 2)

Bon gré, mal gré, nous devons tous en convenir : la mort est inéluctable.

C'est même en ce bas monde la seule chose dont nous pouvons être sûrs et certains et c'est bien cette affreuse certitude, cette attente de la mort, à plus ou moins longue échéance, qui suscite cette angoisse métaphysique, ce fatalisme poignant, pesant si lourdement sur la vie.

Mais peut-on croire bravement, sans frémir ni désespérer, que la mort, terme naturel de toute existence, soit cet absolu de néant, cette extinction totale d'un corps, simple structure physique dans laquelle nous avons pensé, aimé, souffert, vécu ? L'esprit humain se révolte devant ce destin arbitraire auquel il ne peut échapper et d'emblée, fort justement, se pose la question primordiale : qui ou quoi a pensé, aimé, souffert, vécu ? Est-ce le corps, la simple structure physique, enveloppe grossière promise à la dissolution ? Est-ce l'esprit, l'âme, le « moi » qui se reconnaît comme une personnalité consciente ?

Voilà donc que se pose le problème fondamental de l'être humain. Avons-nous une âme ? Si oui, qu'est-ce que l'âme ?

Est-ce une vérité dont la seule vérification expérimentale est celle que nous offre la Révélation religieuse, ou bien une hypothèse au sens que donnait Newton lorsqu'il disait : « Une hypothèse, c'est ce qui n'est pas imposé par les faits » ? Mais toute extrapolation est conjecturale. Affirmer l'immortalité de l'âme d'après autre chose que le postulat de la Révélation est certes impossible en nos jours d'athéisme et d'incrédulité matérialiste forcenée, parce que la présence de l'âme dans le corps n'est pas prouvée.

Cependant, nier cette présence en prétendant suivre jusqu'au bout la méthode scientifique « scalpel et éprouvette » est également insoutenable, parce que l'inexistence de l'âme ne peut pas être davantage prouvée.

Statu quo !

Une illusion stérilisante

La religion – ici il convient de prendre « religion » dans le sens élargi du terme, sans entrer dans les différences confessionnelles – et la science ont donné, chacune pour leur propre compte, des credo explicatifs péremptoires ou tâtonnants, pas plus convaincants les uns que les autres, d'où découlent l'opposition et la bataille féroce qui existent entre elles. État de guerre permanent qui n'est pas près de s'éteindre !

La théologie catholique, elle – puisque nous parlons pour les chrétiens –, affirme que l'homme est un corps physique dans lequel réside une âme immortelle, un esprit, invisible segment de la Conscience divine dont l'âme procède et qui constitue l'être profond de l'homme, son « moi » intérieur. Mais elle ne va pas plus loin et reste dans la dualité âme-corps.

Cependant, cette dualité corps-âme est fortement contestée par la science, qui, partant de l'observation directe, l'expérimentation, et n'ayant jamais trouvé sous son scalpel cette âme hypothétique, se réfère pour plus de sûreté aux seuls principes physiques d'« action et réaction » chimiques, qui excluent toute présence d'un quelconque élément divin dans la nature humaine, ce pourquoi action et réactions s'éteignent forcément d'elles-mêmes au moment de la mort.

C'est ainsi qu'entre la religion (moribonde) et la science (toute-puissante), les temps modernes vont s'imprégner de cette illusion stérilisante selon laquelle l'homme ne dispose que d'une seule vie, promise au néant absolu pour certains matérialistes convaincus, tandis que d'autres, croyants animés d'une foi branlante, se retrouvent devant cette absurde alternative : le ciel ou l'enfer, tous deux éternels !

Des finalités divergentes

En effet, pour les croyants, qu'ils soient tièdes ou fervents, la mort conduit peut-être vers un « au-delà » indéfinissable, un paradis ou un purgatoire, vagues séjours meilleurs où ils pourront enfin se reposer dans un farniente intemporel, pas très folichon à vrai dire…

Dans le pire des cas, c'est-à-dire s'ils sont coupables des plus noires actions, ils seront précipités sans ménagement au fin fond d'un enfer dantesque où les attendent les pires supplices en expiation de leurs « péchés », dans cette éternité sans rémission dont la probabilité a littéralement liquéfié de peur des générations d'âmes sensibles.

Quant aux autres, les esprits forts, les athées, les indifférents, la mort représente pour eux le terminus horrifique d'un voyage dont le billet, délivré d'office à la naissance, ne comporte ni retour, ni escale paradisiaque, simplement l'aller unique vers le « rien » d'un corps qui se dissout inexorablement.

Ces deux finalités divergentes ne peuvent combler l'aspiration à la survivance ancrée dans le cœur de l'homme. L'Église catholique pratique à l'égard de ce problème capital une double attitude. D'un côté, hypocrite et sectaire à la fois, elle s'appuie sur la politique de la carotte et du bâton, réconfortant ses ouailles par la promesse d'un « ailleurs » plein de béatitudes, d'une éventuelle éternité gagnée à la sueur d'une bonne conduite, qui récompensera les mérites. Parallèlement, elle brandit la menace d'un enfer, éternel lui aussi, en juste châtiment des péchés qui auront été commis.

Néanmoins, de nos jours, voyant son pouvoir spirituel décroître et se dégrader, elle essaye de rameuter ses fidèles dans un secteur religieux modernisé, remis au goût du jour, en se débarrassant avec désinvolture des rites anciens et autres bagatelles liturgiques, au profit du social et de la politique, voie sans issue parce que toujours limitée par le dogme immuable, rigide, inchangé malgré l'œcuménisme de Vatican II, qui a pour but premier d'empêcher ses fidèles d'accéder à d'autres révélations qui pourraient lui faire concurrence.

Incontestablement, la croyance en la réincarnation fait partie de celles-là. Le message d'espoir qu'elle apporte brouille son propre message, celui qu'elle fait passer depuis deux mille ans au travers d'un dirigisme théologique où tout ce qui n'est pas sa « parole d'Évangile » est frappé d'anathème, combattu comme hérésie, dénié jusqu'à l'absurde, malgré les questions fondamentales que se posent les chrétiens.

Par exemple, quels mérites ou démérites un enfant qui meurt en bas âge a-t-il pu acquérir dans sa courte vie ? Aucun, c'est certain, et sa mort prématurée paraît alors une injustice criante.

Dès lors, arc-boutés sur ces injustices, un grand nombre de chrétiens, qui ne se satisfont plus de la croyance et des dogmes enseignés par l'Église, se sentent poussés vers la recherche d'une autre vérité qui serait susceptible de satisfaire les exigences de leur intellect, en proposant des explications plus logiques et rationnelles sur les problèmes de la vie.

Ces chrétiens se sont parfois familiarisés, au hasard de lectures ou de discussions, et avec plus ou moins de bonheur et de compréhension, avec des bribes de religions orientales réincarnationnistes, tels le bouddhisme, l'hindouisme, etc., qui ont envahi assez récemment notre culture. Mais comme ils en connaissent mal les tenants et aboutissants, ils n'en retirent que des incertitudes, des frustrations, ou basculent dans l'incroyance totale et le dénigrement systématique.

Certains même se sont offusqués d'une réincarnation trop souvent confondue avec la métempsycose, système impensable qui pourrait les faire revenir dans le corps d'un animal, vision déformante qui résulte de cette ignorance totale bien entretenue par l'Église, qui ne dédaigne pas de s'appuyer sur ces résurgences animales pour combattre la transmigration des âmes. La fin justifie les moyens !

Car, bien évidemment, il est sûr que par un enseignement bien senti de la pluralité des vies, nous serions, sans le protectorat de l'Église, en mesure de comprendre, en partie du moins, ce souffle spirituel qui anime de façon invisible le plan terrestre, sur lequel vivent et meurent les êtres humains.

Nous pourrions faire la profitable redécouverte des lois qui gouvernent l'univers, les étudier, les appliquer, assumer en pleine conscience les problèmes de liberté, de responsabilité personnelle. Nous pourrions sans dommage psychique unir philosophie et religion, dans une synthèse qui serait le gage d'une évolution positive et intelligente.

Par cette évolution, nous pourrions enfin intégrer cette pierre d'achoppement que constitue l'effroyable inégalité entre les hommes, qui a fait trébucher plus d'un penseur, tout autant que son corollaire obligatoire, la terrible existence du « mal » et son « pourquoi » métaphysique sans réponse.

Partant de là, si l'on admet que chaque âme transmue la matière qu'elle anime suivant le sens de la loi d'évolution, elle peut ainsi progresser de forme en forme, de corps en corps, tout en sachant que ce corps est périssable et qu'elle en changera jusqu'à ce qu'elle ait atteint, grâce à lui qui est son véhicule et son outil, la libération, l'échappée hors de la roue des renaissances.

Émanée du principe Un, l'âme retournera par conversion à cet Un, dans un mouvement de spirale, le départ amorçant déjà le retour.

L'évolution, faite de mutations, de retours cycliques, engendrera de nouveaux possibles, tels que les présente ce verset de l'Ecclésiaste (X, 6-7) : « La folie occupe des postes très élevés et des riches sont assis dans l'abaissement. J'ai vu des esclaves sur des chevaux et des princes marchant sur terre comme des esclaves. »

Sur la scène du monde, tels des acteurs qui seraient tantôt princes, tantôt esclaves, nous jouons ces différents rôles avec plus ou moins d'efficacité et en fonction des talents artistiques personnels dont nous disposons pour les interpréter dans leur vérité passagère, et cela autant de fois qu'aura lieu la « représentation ».

Chapitre II

La vie ? un aller et retour

« Jette ton pain sur la face des eaux car avec le temps tu le retrouveras »

(Ecclésiaste, II, 1)

De nos jours, croire à la réincarnation et en parler est devenu une mode. Le cinéma, la télévision, le théâtre en font le thème de leurs productions dans des scénarios hâtifs et souvent bâclés ou encore y consacrent des tables rondes oiseuses, mais qui constituent un créneau original et fructueux, vu l'engouement du public, créneau que l'on a tout intérêt à exploiter à fond avant que ce même public ne se lasse et demande autre chose.

Parallèlement paraissent des livres qui répandent à profusion cette croyance chez des lecteurs plus ou moins avertis, qui la confondent avec la métempsycose, ce retour dans un corps animal, sans que ces notions soient approfondies sérieusement et débouchent sur une application qui permette de se guider dans la vie de tous les jours.

Les chrétiens en particulier – d'où l'objet de notre modeste essai – abordent ce concept avec circonspection et la crainte avouée de contrevenir à leur foi. En effet, la réincarnation, qui n'est pas inscrite et enseignée dans les dogmes catholiques, peut leur donner le sentiment, implicite ou explicite, d'une hérésie mortelle, capable de saper la vie de leur âme, et même, pour certains chrétiens très rigoristes, de les conduire tout droit à la damnation éternelle, l'enfer !

C'est donc pour ces chrétiens hésitants, qui pourraient être séduits malgré eux par la réincarnation, que ce livre a été écrit. Ils y découvriront que cette doctrine n'est pas l'hérésie hindouiste et païenne qu'ils supposaient.

Loi métaphysique et naturelle à la fois, elle a couru, sous-jacente, dans toutes les religions anciennes, et même le christianisme à ses débuts ne la rejetait pas. C'est dire que sa pérennité à travers les siècles, le fait qu'elle ait pu arriver jusqu'à nous, en fait d'emblée, fort justement, une hypothèse d'étude valable et la question de son bien-fondé ne peut être évacuée… *a priori.*

Mais il est évident que pour être bien comprise dans un monde qui nie et dédaigne les valeurs spirituelles, la croyance en la réincarnation aurait bien besoin d'un nettoyage en règle afin de balayer les scories qui l'encombrent. Ainsi entend-on de-ci, de-là des personnes parler à tort et à travers sur ce thème sans souci aucun du ridicule. Elles étalent avec complaisance et conviction des « vies antérieures » qu'un charlatan de service a découvertes en vingt minutes de « consultation » exploratoire de leur lointain passé. Ces esprits crédules ont toujours été des personnalités prestigieuses, obligeant Cléopâtre ou cette pauvre Marie-Antoinette, ou encore Napoléon, à revêtir de multiples défroques humaines sans consistance, tristes jeux de salon qui discréditent bien plus la réincarnation qu'il ne la servent.

Cependant, même si son berceau reste l'Inde, qui en a fait sa religion et sa philosophie, il faut bien avouer que l'origine de cette croyance est pratiquement inconnue. Ce qui signifie qu'en dépit de toutes les ardentes recherches dont elle a fait l'objet, cette origine se perd dans une nuit des temps si lointaine que l'on ne peut remonter à sa source première.

Elle fait partie, semble-t-il, de cet inconscient collectif, redécouvert par C. Jung, dans lequel l'espèce humaine aurait puisé le sentiment d'une identité durable, d'une survivance, de l'immortalité de l'âme ou de l'esprit, réalité si mystérieuse et si puissante que toutes les civilisations l'auraient intégrée tout naturellement.

Est-elle venue petit à petit de la contemplation de la nature, les jours succédant aux jours, les saisons aux saisons, les années aux années, dans l'immuabilité d'un retour cyclique que l'on pourrait illustrer par le simpliste « ça revient comme les radis » ?

Il est sûr que de cette constatation banale et assez triviale en elle-même, tout un chacun peut témoigner facilement, mais du « pourquoi » les radis reviennent, et l'« écume des choses » avec eux, nous ne connaissons pas le « parce que »... Dieu seul le sait, sans doute ; enfin... nous l'espérons !

Notre problème, la chose la plus importante, c'est d'essayer de coller au plus près de la compréhension de cette loi, puisqu'elle est là et que l'univers tourne avec elle.

Car, si la religion catholique affirme comme un dogme intangible que, pour chaque être humain, Dieu crée une âme nouvelle et qu'à la fin d'une période de vie plus ou moins longue cette âme passe dans un « au-delà » invisible d'où elle ne revient pas, et qu'en plus son bonheur éternel, ou sa damnation éternelle, sont déterminés par ses actions accomplies dans la durée d'une vie, cet enseignement ne conduit-il pas au désespoir ? Une seule et unique expérience, et tout serait joué ? Affreuse perspective !

Mais si, suivant la théorie matérialiste, la vie n'est qu'un voyage du berceau à la tombe, si l'intellect n'est que le résultat de certaines dispositions chimiques de la matière, dues au hasard, et si l'homme, tout en étant la plus haute intelligence de l'univers, disparaît en même temps que cette intelligence, le désespoir et l'inutilité de vivre ne sont-ils pas la même affreuse perspective ?

La réincarnation est plus généreuse. Elle décrit un long procédé de développement personnel, continué à travers de nombreuses incarnations, dans des formes de plus en plus perfectionnées qui amèneront inévitablement tous les êtres à une élévation spirituelle, une évolution qu'il nous est impossible de concevoir dans nos limites actuelles.

Pour elle, l'âme contient en germe tous les pouvoirs divins, tout comme la semence contient la plante, comme le gland minuscule abrite le chêne en son entier devenir. C'est donc par le moyen d'existences multiples dans des corps physiques d'une qualité toujours croissante, et en fonction de ses efforts personnels, de ses mérites, que l'âme se développe de vie en vie jusqu'à la plénitude.

Dans cette conception, aucune âme n'est perdue, ce qui nous permet de tourner le dos à la rigide théologie d'un jugement divin basé sur une seule vie, laquelle pourrait accumuler assez de mérites pour « aller au ciel » ou assez de démérites pour « brûler en enfer » et, circonstance aggravante dans ce dernier cas, éternellement ! Terrifiante absurdité qui a traumatisé tant de chrétiens sincères, enserrant leur âme dans un carcan spirituel de révolte et de douleur… Comment expliquer et justifier les enfants mourant en bas âge ? Où sont le bien et le mal dans leur court passage ? Pourquoi des vies de trente, soixante-dix, quatre-vingts ans et d'autres fugitives de six mois, deux ans, quinze ans, etc. ?

Il y a là un décalage énorme, une injustice flagrante qui révolte automatiquement tout esprit un peu profond qui s'interroge sur sa présence ici-bas. N'est-il pas plus raisonnable et logique de postuler l'équation : départ + retour = nouvelle chance donnée à l'âme pour progresser, comprendre, évoluer ?

La spirale de l'évolution

Nous verrons que, dans les lois de l'univers – que nous développerons dans un chapitre ultérieur –, la conservation de l'énergie aussi bien que celle de la matière constituent une réalité parfaitement reconnue par la science, puisque l'énergie se cache au cœur de la matière. Toutes deux ont une origine commune, elles sont la chaîne et la trame du tissu cosmique. Ainsi donc, si rien ne peut être détruit, l'intellect, l'esprit ne doivent pas faire exception ni *a fortiori* la conscience. L'évolution de la conscience est l'histoire du progrès de l'esprit dans le temps.

En observant autour de nous les phénomènes variés de l'univers, il semble que la nature, si complexe par ailleurs, se soit référée pour son évolution au modèle le plus universel et le plus simple à la fois : la spirale. Dans le mouvement de l'eau, du vent (en particulier les tornades, les cyclones), la forme des coquillages, l'escargot et jusqu'aux galaxies, nébuleuses de feu qui tourbillonnent dans l'espace sidéral, partout nous apercevons l'image de la spirale.

Qu'est-ce qu'une spirale ? C'est une figure géométrique qui, à partir d'un centre, se déroule à l'infini ou s'enroule indéfiniment sur son centre dans un mouvement alternatif qui représente les deux faces d'une même réalité.

Le retournement vers le centre à un moment donné est dû au fait que les énergies, en se densifiant, vont atteindre le point ultime, la matière – le monde minéral exprime parfaitement cette densification maximale, – au-delà duquel on ne peut plus aller. Puis, à partir de là, intervient un mouvement d'inversion, de retour, une ascension ; les énergies emprisonnées dans le minéral seront délivrées par l'énergie vitale, la vie triomphante…

Tout comme la spirale, l'âme monte et descend dans ses différentes réincarnations, participant d'un univers qui doit être saisi dans son équilibre dynamique : bougeant, vibrant, dansant, dans un rythme immatériel symbolisé par la danse de Shiva, le divin danseur cosmique, le dieu hindou de la création et de la destruction.

Chaque cycle amorce celui qui suit et, de même que les spires de la spirale sont continues, chaque cycle de renaissance est la floraison de ceux qui l'ont précédé et jette les bases de ceux, plus élaborés, qui lui succéderont.

Pour profiter complètement des possibilités de développement offertes par notre univers à trois dimensions, il est nécessaire que la vie en évolution suive le sentier à trois dimensions « enroulement – déroulement » en prenant appui sur un centre d'« évolution-involution », mouvement qui représente la dynamique de la réincarnation qui sous-tend l'univers tout entier.

Une éthique de la vie

Doit-on fermer les yeux et refuser le recommencement de la nature elle-même, sa perpétuelle renaissance ?

Au printemps, la terre sort de son sommeil hivernal, toutes ses activités s'efforcent d'engendrer partout une nouvelle vie. Puis viennent les récoltes, l'activité décroît et c'est à nouveau le silence et le repos de l'hiver ; la nature semble morte, mais nous savons qu'elle est simplement en sommeil. Celui-ci n'est pas éternel. Au printemps suivant, la terre se réveille et redonne généreusement la vie… réincarnation sublime qui nous paraît naturelle.

Est-il possible qu'une loi d'une application aussi universelle dans tous les royaumes de la nature soit sans effet sur la vie humaine ? L'arbre et la fleur vivraient-ils à nouveau, tandis que l'homme disparaîtrait à jamais ? Cela ne se peut.

La même loi qui éveille la vie dans la plante pour une croissance nouvelle doit obligatoirement éveiller l'homme pour de nouvelles expériences, pour un progrès ultérieur qui le conduira à la perfection.

C'est dire que la réincarnation – et la loi des conséquences, le karma – propose une éthique de la vie qui satisfait le sens de la justice, en accord avec les simples faits de l'existence tels que nous pouvons les observer autour de nous.

Car, pour l'esprit épris de logique caractéristique de l'Occident, qui ne donne pas comme celui de l'Orient dans le flou poétique, comment un Dieu « juste et bon » pourrait-il exiger les mêmes vertus de milliards d'êtres, que son « bon vouloir », son « diktat » aurait placés dans des circonstances si différentes, sans aucun mode d'emploi apparent, suivant son propre caprice ?

Un tel naît avec les avantages d'une éducation morale raffinée dans une ambiance familiale privilégiée, tel autre est accablé dès sa naissance par le milieu abject qui lui a donné le jour ; ce milieu dégoulinant de misères où il ne voit que meurtres, vols, mensonges, vices, n'influera-t-il pas sur sa conduite de vie ?

Est-il juste d'avoir les mêmes exigences de vertus pour ces deux genres d'individus ? Dieu serait-il monstrueux ? Le problème posé par les inégalités de vie et de naissance se résout mieux par les lois de réincarnation et de karma. Celles-ci nous offrent le moyen de nous émanciper, de tirer de notre milieu, quel qu'il soit, le chemin d'un développement, puisque ce que nous sommes, ce que nous avons, toutes nos qualités ou tous nos défauts sont le résultat de nos propres actions dans le passé.

De même que nous ne pouvons éviter de renouer le fil de notre vie chaque matin là où nous l'avons laissé la veille, de même, par nos actions pendant nos vies passées, nous avons instauré les conditions, plaisantes ou déplaisantes, dans lesquelles nous vivons et travaillons maintenant, et, qui plus est, nous sommes en train de créer les conditions de notre vie future.

La mort ne liquide pas toutes les dettes, comme pourraient le croire les athées et les matérialistes, qui pensent que tout se termine avec les vers et le néant de la tombe. Erreur ! Nos dettes nous suivent. Un exemple : si vous changez de domicile, votre quota d'impôts vous suivra scrupuleusement. Le percepteur retrouvera votre trace et, tôt ou tard, vous paierez.

De nombreuses vies sont nécessaires pour apprendre les leçons du programme scolaire de la vie : transformer la haine en amour, la vindicte en pardon, le désordre en harmonie.

La réincarnation et son instructeur, le karma, rendent compte d'une manière rationnelle de tous les problèmes relatifs à l'existence, ce « tous les jours » qui est notre lot commun. L'esprit s'incarne seulement pour acquérir l'expérience, apprendre, comprendre aussi et dompter le « moi » inférieur pour arriver à la maîtrise du Soi.

Quand ce dur chemin aura été parcouru, il viendra un moment où il ne sera plus nécessaire de s'incarner parce que toutes les leçons auront été comprises, assimilées ; la « roue des renaissances » n'aura plus de prise sur nous. Dans l'Apocalypse de saint Jean, un très beau verset fait allusion à ce moment magnifique de libération : « Celui qui remporte la victoire, j'en ferai un "pilier" dans le temple de mon Dieu et il n'en sortira plus jamais. »

Dans la nature, il y a un bel exemple de cette lente montée vers la perfection. Elle nous est donnée par un petit mollusque sans prétention : le nautile. Celui-ci, sans hâte mais avec régularité, construit la spirale de sa coquille en sections distinctes, abandonnant ses sections les plus petites pour habiter la dernière construite, sa perfection.

On peut constater que dans la nature il n'y a pas de procédé instantané. Pour elle, le temps n'est rien. Elle s'achemine sans précipitation vers la perfection, puisque tout passe par un développement lent et continu. Mais, à l'exemple du nautile, c'est aussi une loi de la nature que l'homme ne peut habiter un corps plus parfait que celui qu'il est capable de construire. C'est nous-mêmes qui construisons ce corps matériel (notre instrument) par les désirs, les tendances, les émotions et les expériences de nos vies passées, bien que nous n'en ayons pas conscience pour la plupart d'entre nous.

Le but concret de la réincarnation est de permettre à la conscience séparée (le moi) de réintégrer la Conscience divine (le Soi), mais seulement après avoir pris la mesure exacte au moyen d'expériences répétées, du pouvoir de ses actions, qui auront ou n'auront pas coïncidé avec les lois et l'Intelligence cosmique. La réincarnation, et elle seule, garantit la continuité des expériences humaines, tout en apportant la rétribution des efforts ou des fautes, dans une justice parfaite.

Ainsi, mieux nous connaîtrons cette loi, plus nous serons capables de profiter des occasions qu'elle nous offre pour notre développement et plus nous pourrons nous soustraire à la servitude ingrate de nombreuses vies, nécessaires certes, non pas pour aboutir à la recherche nostalgique de nos origines, mais pour participer pleinement, en tant que créatures, à la création de Dieu.

Chapitre III

Les revenants de l'au-delà

« Il te sera fait comme tu as fait. Tes œuvres retomberont sur ta tête »

(Abdias, I, 15)

C'est très certainement dans la foulée de l'exploration scientifique des expériences de mort – ces personnes cliniquement mortes et revenues à la vie qui ont donné naissance en 1960 à un mouvement dont le chef de file est une psychiatre suisse, Élisabeth Kubler-Ross – que la croyance en la pluralité des existences, en la réincarnation, est entrée avec fracas dans le matérialisme du XXe siècle finissant, habillée « chic et choc » de parapsychologie, le prêt-à-porter de l'irrationnel et du paranormal.

Avant ce moment que l'on pourrait qualifier d'historique, compte tenu de son importance et de son impact sur les jeunes générations très ouvertes aux phénomènes « psy » de tous calibres, la transmigration des âmes ne cheminait qu'en catimini dans un occultisme ringard à odeur de soufre.

Dans cette ignorance, quand on en effleurait la possibilité, on la considérait comme tout juste bonne pour des peuples « arriérés et naïfs », englués dans des croyances enfantines, comme l'Inde, où, par la disgrâce de la « métempsycose », la moindre vache étique que vous croisiez sur votre route pouvait être votre grand-mère !

Passe encore de descendre du singe avec le cher Darwin, c'était si lointain après tout que cela ne portait pas à conséquence.

Mais se retrouver fourmi besogneuse quand on avait été P-DG triomphant n'était pas chose facile.

En 1975, nouvelle explosion. Le livre de Raymond Moody, *La Vie après la vie* (éditions Robert Laffont) éclate comme une bombe. Il étale au grand jour les récits de ces revenants d'outre-tombe et connaît, avec un tirage de plus de 4 millions d'exemplaires, un retentissant succès de librairie, aux États-Unis d'abord et dans le monde entier ensuite.

Devant ce raz de marée de « résurrections » ahurissantes, devant les témoignages affluant de toutes parts, psychiatres, psychologues, cardiologues, psychanalystes, tout un gratin médical va se pencher sur ce problème. Car c'en est un, et d'importance !

Sceptique d'abord, curieux ensuite, l'Américain Kenneth Ring, titulaire d'une chaire de psychologie à l'université de Storr, dans le Connecticut, prend le train en marche et se passionne pour cette nouvelle recherche. Dans ce but, il fonde IANDS, *International Association for Death Studies*, une organisation qui regroupe de nombreux chercheurs américains de toutes disciplines, et ce, afin de découvrir le fin mot de l'histoire.

Ces chercheurs éditent une revue, *Anabiosis*, qui confronte, à l'aide de rapports d'activités, les points de vue, les hypothèses, la méthode d'approche la plus valable de ces étranges expériences.

De ce parcours insolite, une nouvelle science va naître : la thanatologie (du dieu grec Thanatos) ou science de la mort ; et, comme les Américains ne font rien à moitié dans le style pionnier qui les caractérise, la thanatologie est entrée maintenant par la grande porte dans les universités d'outre-Atlantique les plus prestigieuses. On y étudie la mort comme n'importe quelle branche de la vie, étonnant paradoxe !

Une nouvelle mystique

Pour l'Amérique, championne incontestée du « tabou de la mort », la sinistre faucheuse dont on ne parlait qu'à voix basse, c'est bien une nouvelle mystique qui voit le jour, presque, pourrait-on dire, une nouvelle religion.

C'est alors qu'à la lumière sépulcrale de ces « expériences de mort clinique » on découvrit avec effarement que la mort n'est pas du tout ce que l'on croyait. Car les « revenus de la mort » disaient qu'elle était douce, voire secourable, et parfois aussi illuminatrice pour ceux qui renouaient avec le fil quotidien passagèrement interrompu, ce ne sera jamais plus le spectre hideux qui faisait si peur autrefois et dont il était malséant, presque obscène de regarder en face l'omniprésence. C'était en somme la bonne nouvelle, un évangile *new look* annoncé aux vivants !

Maintenant, de ce fait, la mort ne se dissimulerait peut-être plus jamais honteusement dans ces « maisons mortuaires » spécialisées dans l'art subtil du maquillage de l'« ennemie », par le camouflage des fleurs abondantes, des cercueils de luxe et des chants douceâtres, bien faits pour gommer l'horreur du passage.

On en aurait donc fini avec le slogan célèbre « mourrez, nous ferons le reste » qui délivrait tout un chacun de la pénible pensée de ce moment inéluctable dans lequel, par pudeur, « on ne mourait pas » ; simplement « on disparaissait »… Façon élégante de ne gêner personne, et surtout pas soi-même, dans la crudité de ce dernier acte, parce que, dans ce contexte du tabou qui autrefois était presque devenu une règle de bienséance, de politesse, moins on parlait de la mort, plus on s'ingéniait à la nier par tous les moyens, plus on l'effaçait de la vie – « La mort n'est pas américaine », comme l'écrivait Arnold Toynbee –, plus, malgré tout, on en avait peur.

Seuls les Noirs de La Nouvelle-Orléans avaient toujours osé la défier, en inventant la « mort-swing », par le rythme endiablé d'une musique cuivrée comme la trompette du jugement dernier, sorte d'accompagnement joyeux conduisant à la dernière demeure, toujours suivi de la festivité jubilatoire des « survivants », qui narguaient ainsi l'échéance ultime.

Hélas, dans son ensemble – surtout en France, où ces idées nouvelles sur la mort ne pénètrent que lentement –, le corps médical en est toujours à considérer la mort comme un échec, une bavure regrettable qu'il tente de prévenir par des acharnements thérapeutiques démentiels sur des vivants réduits le plus souvent à l'état de légumes et qui préféreraient certainement trépasser dans la dignité et la paix, en somme mourir « vivants » !

Cependant, on s'interroge de plus en plus sur l'après-mort. Qu'y a-t-il dans l'au-delà ?

Personne n'en sait trop rien à vrai dire, et même, à la limite, on ne tient pas tellement à le savoir de façon précise. Pour les croyants, l'Église continue toujours, selon le schéma chrétien immuable, de proposer *post mortem* la vie éternelle, dans un lieu géographiquement mal situé, et la récompense de la résurrection glorieuse promise à ses fidèles bien-pensants, une élite, à la fin des siècles... Vague rendez-vous lointain dont elle fait l'unique consolation.

Quelque chose qui ne peut mourir

Il est bien évident que dans le cas de ces spectaculaires témoignages de « revenants », aussi disparates de race et de confession que peuvent l'être des athées, des croyants, des Blancs, des Noirs, des hindous, des juifs, des musulmans, etc., qui voient et expérimentent tous sans exception le même scénario de lumière, tous ces « morts cliniques » qui ont pu paraître décédés et que la science a ramenés à la vie n'ont pas subi la décomposition, la dissolution irréversible du corps ; ils ne peuvent donc pas décrire la réalité de l'état de mort.

Cet état, il faut bien l'avouer, nous reste inconnu et le rationaliste de service aura beau jeu d'argumenter que jamais personne n'est revenu en chair et en os de la mort corporelle pour en décrire les sensations, l'horreur ou la béatitude supposée. Nous en convenons volontiers. Néanmoins, convenons également que ces témoignages insolites ont tout de même apporté quelque chose d'inestimable : la preuve inouïe que nous ne sommes pas que matérialité.

Oui, grâce à eux, nous savons maintenant que la conscience existe, qu'elle est indépendante du corps et peut fonctionner hors de la dimension physique dans d'autres plans de réalité.

Dans son livre *La Conscience d'être* (éd. Arista), Jeanne Guesné nous donne une très belle définition de la conscience : « Elle est le point focal où converge la vie [...] la conscience personnelle est une identification "temporaire" de la Conscience universelle à un organisme qui l'isole en la limitant. C'est un état passager de l'être dans le conditionnement d'un "moi" humain. L'homme est le foyer dans lequel l'éternel devient temps... La réalité n'est pas un autre monde, n'est pas un au-delà, mais une autre façon d'être dans le monde. »

Ainsi, tels qu'ils se présentent dans la concordance d'une même vision (l'Être de lumière qui réconforte), ces précieux témoignages rendent compte d'un « quelque chose » qui ne peut mourir : l'esprit, l'âme, le « Je » éternel.

Ce « quelque chose », est-ce l'identité consciente qui s'habille de différents vêtements pour expérimenter diverses situations de vie en vie, tout comme le joueur de tennis, par exemple, revêt une tenue spéciale pour pratiquer son jeu ? Il n'aurait certes pas l'idée de le pratiquer en smoking et hautde-forme. De même le plongeur qui veut explorer l'élément liquide se doit de revêtir le vêtement adéquat. Sans masque, sans bouteille d'oxygène, sans appareil respiratoire, son entreprise est vouée à l'échec. Le « quelque chose » qui ne peut mourir, c'est la vie qui ne cesse jamais ; seules naissent et meurent les formes qui la contiennent, les vêtements.

La vie détruit les formes qu'elle a édifiées pour les restructurer dans des formes nouvelles. L'être humain n'est pas la résultante d'atomes et de molécules, simple matière agglomérée. Son être véritable, c'est son identité, sa conscience transmatérielle dans laquelle s'inscrit la somme de ses vécus, de ses expériences multiples qui s'échelonnent au fil du temps...

Ainsi la théologie catholique, qui a fait un dogme de la résurrection des corps – lesquels, pour elle, vivent d'une seule vie et meurent d'une seule mort –, pèche délibérément par omission volontaire de l'enseignement de la pluralité des existences. Comment les particules biochimiques, les atomes, cette matière périssable qui compose un corps, pourraient-ils reprendre vie s'il y a eu décomposition ? Vision aberrante s'il en est !

Le trop fameux « tu es poussière, tu retourneras en poussière » dément totalement cette perspective résurrectionnelle, même si saint Paul, dans son Épître aux Corinthiens, parle de « corps glorifié ». Quel corps ? La doctrine reste dans le vague.

Le postulat réincarnationniste, bien plus précis, qui s'appuie sur la trinité de l'homme – que nous aborderons dans un autre chapitre –, trouverait là une place de choix, mais l'Église le refuse avec entêtement parce qu'elle a peur. Elle le juge trop libératoire sans doute et craint, s'il était répandu dans les masses, que le troupeau des fidèles n'en soit perverti et déserte son giron. Un petit fait significatif pris dans l'actualité du spectacle illustre bien cette peur.

Dans le courant de septembre 1989 sortait sur les écrans un film dont l'annonce publicitaire, placardée quelques jours avant sa distribution, mentionnait ouvertement le sujet : la réincarnation. Son titre : *Manika, une vie...* Ce film racontait en substance l'histoire véridique (?) d'un prêtre, confronté dans sa foi à la croyance réincarnationniste – et, horreur, y succombant sans remords – par le biais d'une fillette hindoue à la recherche de sa vie antérieure, dont sa vie présente se trouvait obsédée. Ce film fut retiré du circuit une quinzaine de jours après sa distribution, l'archevêché de Paris ayant, paraît-il, fait pression pour en écourter le passage sur les écrans !

Œuvre trop iconoclaste sans doute et encore plus subversive que *La Dernière Tentation du Christ*, qui avait soulevé tant de polémiques, mais qui était restée néanmoins fort longtemps sur les écrans.

L'escamotage de *Manika, une vie...* s'est voulu plus subtil et tout porte à croire que son réalisateur, nouveau Salman Rushdie, s'il a échappé aux menaces de mort, n'aura certainement pas retiré un grand bénéfice de son œuvre.

Des versets sataniques...

Dans le *Livre de la splendeur*, le *Zohar*, ouvrage hautement mystique de la religion juive, qui elle aussi a abondamment occulté cette possibilité de renaissance, on aperçoit quelques versets qui pourraient bien se révéler sataniques : « Car Juda [nom d'une des douze tribus d'Israël] ainsi que les autres tribus ont connu ce mystère. Elles savaient que lorsque l'âme n'a pas achevé sa mission durant son passage sur la Terre, elle est déracinée et transplantée de nouveau sur la Terre, ainsi qu'il est écrit : "Et l'homme retourne sur la Terre" » (Job, XXXIV, 15). Ici, la réincarnation laisse percer le bout de l'oreille.

Cependant, le *Zohar* développe l'idée et, pris de compassion pour ces « retours » obligés de vie en vie, continue ainsi son instruction : « Heureuse l'âme qui n'est plus contrainte de revenir en ce monde pour racheter les fautes commises par l'homme qu'elle y animait. »

Difficile d'échapper à la clarté de ce verset.

Bien sûr, il paraît facile, pour attiser la controverse, de rétorquer que le *Zohar* n'est pas l'Évangile et qu'il fait état d'une religion qui ne concerne pas les chrétiens. Sans doute, on peut avancer cet argument, mais ce serait oublier un peu vite que le christianisme a pour fondement la révélation biblique, sur laquelle il s'appuie et à laquelle le Christ se réfère en maintes circonstances. Les deux religions sont sœurs, ennemies irréductibles qui se disputent le bien commun, l'« héritage du Père », et chacune tire la couverture de la vérité à soi pour assurer sa suprématie spirituelle. Étrange duel qui dure depuis deux mille ans pour le malheur des tenants des deux confessions.

Il est évident que ces deux groupes religieux, rivaux de par leurs origines communes (le message biblique), ne peuvent que tenter de s'exclure mutuellement. Raphaël Draï, dans sa *Lettre ouverte au cardinal Lustiger* (éd. Alinéa), juge la situation du christianisme par rapport au judaïsme : « Le christianisme devait répondre à une double nécessité. D'une part, affirmer son caractère original et novateur, sans quoi on n'aurait pas compris, pour ce qui le concerne, qu'il se fût détaché du judaïsme, mais d'autre part, revendiquer son affiliation biblique pour se légitimer auprès d'un auditoire initialement composé de juifs observants. » Mais ces deux religions, demeurant « motus et bouche cousue » sur l'hypothèse réincarnationniste, se retrouvent unies comme les deux doigts de la main dans son exclusion, leur seul terrain d'entente.

En dépit de l'ouverture de Vatican II, qui essaye d'insérer l'Église dans la modernité scientifique du XXIe siècle approchant – elle vient de fêter le jubilé de son Académie pontificale des sciences, héritière du *Senatus consultum* dont furent membres Kepler, Copernic et Galilée –, en dépit également de ces théologiens modernes que sont le père Biondi et le père François Brune, qui s'occupent très librement de faits paranormaux – télépathie, médiumnité, communications avec l'au-delà et enregistrements de voix d'outre-tombe sur cassettes, etc. –, la position de l'Église face à la réincarnation n'a pas bougé d'un iota et reste toujours aussi intransigeante.

Des dégâts terribles...

Dans son livre *Les morts nous parlent* (éd. du Félin), excellent livre au demeurant, qui se veut ouvert à toutes les facettes de l'irrationnel, même les plus avant-gardistes, le père François Brune devait inévitablement aborder la croyance en la réincarnation.

Certes, il ne la récuse pas de front. On en parle tellement que son escamotage n'aurait pas été très *fair-play* – œcuménisme oblige, qui permet de se pencher sur les « différences » ; c'est pourquoi il reste prudemment en retrait d'une condamnation pure et dure.

Son refus est beaucoup plus finement suggéré : « Je n'ai aucune envie, dit-il, d'empêcher qui que ce soit de croire qu'il a déjà eu douze vies et qu'il reviendra trois fois encore, mais les faits sont les faits [?] et presque tout cela est faux. »

Il y a un zeste d'ironie condescendante dans cette déclaration du père Brune. En lui, le théologien ressurgit à la vitesse de l'éclair pour démontrer que la réincarnation était ignorée des Égyptiens, des anciens Hébreux, des bouddhistes, des hindous – pour ces derniers, il fait un superbe *zapping* de la *Bhagavad-Gita*, l'épopée du dieu Krishna, un des plus vieux textes sacrés de l'humanité, qui décrit, enseigne, explique les modalités de la réincarnation – et bien entendu, par un *zapping* encore plus évident, du Christ, qui dit-il « ne la professe pas dans son enseignement » – belle erreur, dont nous ferons la démonstration dans le chapitre consacré à l'examen des Écritures bibliques, Évangiles compris.

Mais, dans cette argumentation qui frise l'aveuglement et la mauvaise foi, le père Brune va plus loin encore pour contrer la séduction réincarnationniste qui titille, semble-t-il, les chrétiens.

Il est absolument persuadé que cette croyance est une construction intellectuelle un peu trop simple, pour ne pas dire simpliste. Restant volontairement à la surface des choses, il ne voit pas très bien « comment le lien entre malheur et karma peut rendre compte de l'effroyable inégalité humaine ». De plus, il ajoute que « la valeur pédagogique de cette hypothèse ne peut donner une explication suffisante des injustices de ce bas monde ».

En résumé, conclut le père Brune, « si cette loi s'applique de façon aveugle et automatique, elle peut faire des dégâts terribles, et tout ce que l'on peut invoquer en sa faveur tombe à plat ». C'est oublier bien vite que la loi de réincarnation, étant une loi divine, est toute intelligence. Dieu serait-il sot et inconséquent ?

Existe-t-il dégât plus affreux que la mort d'un enfant innocent par un acte délibéré du bon vouloir divin, décret capricieux que rien ne justifie ? Dieu l'a voulu ! Amen…

Les dégâts, selon le père Brune, c'est qu'il pense sincèrement que la loi du karma tue la pitié. Poussant son raisonnement à l'ultime pointe de son incompréhension du mécanisme karmique, il se demande s'il est opportun d'« aider » un être accablé de malheurs karmiques légitimes, risquant ainsi d'entraver son évolution ! Aurait-il oublié la compassion et la charité prêchées par le Christ, dont les Évangiles nous rapportent qu'il ne tenait compte ni du lieu ni de la qualité des personnes dans la détresse ?

On le voit bien dans l'épisode subversif où Jésus, devant les apôtres horrifiés, discute métaphysique avec cette femme de Samarie, l'étrangère impudique, paria impure aux yeux des juifs. Parler religion avec une femme ! Le comble de l'abomination pour les disciples bornés et machos, pas très partisans de SOS-Racisme...

Pourtant, c'est à cette femme que le Christ annonce la Religion universelle, qui ne fait exclusion de personne, et cette annonce est faite dans des termes non équivoques : « L'heure vient, femme, et elle est déjà venue où les vrais adorateurs adoreront le père en esprit et en vérité, car ce sont là les adorateurs que le Père demande. »

Point de système religieux ni d'Église dans cette affirmation ; seules demeurent la liberté et la croyance du cœur où peuvent se rencontrer les juifs et les gentils, toutes races et couleurs confondues, loin de l'enfermement doctrinaire des théologiens. La « vérité », que le père Brune peut lire aussi bien dans l'Ancien que dans le Nouveau Testament, c'est que nous récoltons à la lettre ce que nous avons semé, et il tombe sous le sens commun qu'un adulte a toute possibilité pour semer pendant toute une vie, et payer ensuite, tandis qu'un enfant mourant en bas âge ne le peut pas, puisqu'il n'a rien semé.

Cet argument à lui seul démolit la perspective chrétienne du ciel et de l'enfer, conséquence obligatoire des actes d'une vie. Pas d'acte, pas de paiement, CQFD...

Quand nous prenons conscience de la « semence » que nous jetons dans nos vies, nous nous efforçons de semer des roses plutôt que des épines. Car, s'il est déjà dur de payer pour ses propres erreurs, ce qui n'est que justice, comment l'être humain, pétri d'égoïsme, pourrait-il consentir à payer pour les fautes des autres ?

Cependant, la théologie, par le biais de la « réversibilité des mérites », enseigne que le Christ, victime expiatoire, étant mort pour nos péchés, nous pouvons, par un acte de foi, transférer sur lui toutes nos transgressions, puisque son sacrifice nous délivre de nos actions mauvaises.

« À chacun son lot » paraît plus équitable ; c'est au demeurant ce que Jésus rabâche sans arrêt dans un véritable désert d'incompréhension : « Connaissez la vérité et la vérité vous rendra libre » (Évangile selon saint Jean, VIII, 32).

Plus vite nous apprendrons cette vérité, sa pratique et son fondement – le retour à une autre vie –, plus vite nous serons libérés. Et quoi qu'en dise le père Brune, l'entraide – le fait de soutenir et réconforter les autres sur le chemin des épreuves – est non seulement permise, mais même vigoureusement recommandée, conseillée en toute charité.

Ainsi, loin d'être une loi simpliste ou naïve, à l'image d'un manège de chevaux de bois sur lequel l'humanité, telle des enfants attardés et irresponsables, tournerait sans fin et sans intelligence, la réincarnation bien comprise doit provoquer et promouvoir un progrès : la volonté de ne plus se réincarner, et tout faire pour aboutir à ce but, le plus rapidement possible.

Pourtant, et c'est peut-être là une lueur d'espoir, l'Église, à son corps défendant, submergée par les étranges récits de ces morts cliniques, les phénomènes de l'« après-vie », et la découverte de ces voix de l'au-delà par Jüngerson en 1959 – qui donnent lieu maintenant à des enregistrements de plus en plus sophistiqués –, l'Église s'est déterminée à entreprendre des recherches dans le domaine de la parapsychologie. À cet effet, le Vatican a chargé des savants éminents – et même certains de ses propres savants ecclésiastiques, il y en a ! – de s'attacher à tirer au clair, autant que faire se peut, ces mystères.

L'Église prend le train en marche pour assurer sa position à la tête du troupeau, faire preuve de modernisme, d'ouverture d'esprit ; et c'est ainsi que le père Brune peut se pencher sans problèmes majeurs sur des choses qui, au XVIIe siècle, l'auraient conduit tout droit au bûcher, comme son confrère, par-delà les siècles, Giordano Bruno, théologien, brûlé vif à Rome en 1600 pour avoir soutenu l'hérésie impensable de la pluralité des mondes.

Que l'Église étudie la parapsychologie, fort bien, mais pourquoi diantre ne va-t-elle pas plus loin ?

Pourquoi se cabre-t-elle devant la pluralité des existences ? Elle se cramponne au dogme du jugement dernier, cette résurrection des corps qui, à la fin des temps, seront réunis à chaque âme, soit pour jouir de la béatitude éternelle, la vision de Dieu, soit pour subir la damnation, éternelle également, c'est-à-dire la séparation irrémédiable d'avec l'essence divine. C'est bien cette vision manichéenne, toujours d'actualité, qui a engendré et qui engendre encore la terreur viscérale de la mort, et, dans cette vision, il n'y a pas la moindre étincelle de charité ou de compassion.

Dieu, notre père à tous, loin de la bonté et de la miséricorde dont Jésus le crédite sans cesse, est réduit au rôle de père Fouettard, distribuant récompenses ou punitions en fonction de critères personnels, « divins », sans souci aucun de la faiblesse de sa créature qu'il a fabriquée pour son bon plaisir, sans doute dans un moment d'ennui ou de désœuvrement !

Terrible doctrine et terrible vision qui éteignent l'espérance, effacent la justice et provoquent le désespoir…

Chapitre IV

La réincarnation dans les Écritures

> *« Ce qui a été, c'est ce qui sera et ce qui s'est fait, c'est ce qui se fera. Il n'y a rien de nouveau sous le soleil. [...] Moi, l'Ecclésiaste, j'ai été roi d'Israël à Jérusalem. J'ai appliqué mon cœur à rechercher et sonder par la sagesse tout ce qui se fait sous les cieux, c'est là une occupation pénible à laquelle Dieu soumet les fils de l'homme »*
>
> (Ecclésiaste, I, 9, 12-13)

Les archéologues et les paléontologues qui se penchent sur le passé de notre globe terrestre dans sa composante physique ou humaine nous parlent de ces hommes de la préhistoire, des primitifs accomplissant la lente ascension de la pensée, sortant de l'obscurité des âges – paléolithique, pierre taillée, néolithique, pierre polie... – dans une succession chronologique à résonance scientifique qui nous trace le portrait de nos ancêtres : des brutes bien plus proches de l'animal que de l'être humain tel que nous le voyons aujourd'hui.

Encore que des brutes frottées de civilisation, on en voie tous les jours, apportant leur eau au moulin de Darwin, qui, soit dit en passant, n'avait pas très bonne opinion de l'espèce humaine : des singes améliorés, tout au plus !

Et au vu des tueries, des massacres, des guerres incessantes qui jalonnent l'histoire de l'humanité, pourrait-on le lui reprocher ? Quoi qu'il en soit, il est sûr que l'hominidé, une fois passé au stade de l'être humain, a, depuis l'aube des premières civilisations, réfléchi aux vicissitudes, aux tribulations, aux souffrances et aux épreuves qui l'accablaient comme aux joies qui le transfiguraient ; il est certain que l'homme a cherché sans relâche à comprendre le pourquoi de son existence ici-bas, et, que les réponses trouvées aient été d'ordre religieux ou non, la soif de connaissances, d'explications quant à la place exacte qu'il occupe sur terre et dans l'univers a toujours habité son « moi » intime.

Fuir l'angoisse du « non-être »

« Tout ce qui "est" tend à persévérer dans son être », a dit Spinoza. Ce mot profond d'un philosophe lucide ponctue toute l'histoire humaine.

Car c'est bien pour durer matériellement que chaque homme, chaque peuple, chaque civilisation lutte et souffre. Même les mysticismes les plus échevelés, quand on y réfléchit, n'ont point d'autre raison. Durer, se cramponner, fuir à tout prix l'angoisse du « non-être », du rien qui nous attend.

Mais, sans doute aussi, il y a des motifs plus nobles, plus touchants à cette aspiration à la pérennité. Tout d'abord la pensée des êtres chers que l'on a vus mourir, disparaître, et dont la réduction à néant semblerait révoltante à la plupart d'entre nous, s'ils devaient la croire définitive.

Ensuite, il faut compter avec l'espérance invincible, l'appel viscéral à la justice, cette entité abstraite à laquelle les âmes bien nées aspirent dans un élan idéaliste toujours déçu par les réalités terrestres. Et si l'on considère l'injustice flagrante des dons, qualités, défauts, épreuves, souffrances, misère, pauvreté, richesse et privilèges, heureux sort, distribués au petit bonheur la chance par cette divinité capricieuse et fantasque, ce Dieu despotique, jaloux, rancunier, assoiffé de sang, tel que le présente la Bible, on ne peut que sombrer dans la révolte et le désespoir face à un état de fait qui ne comporte aucun remède.

C'est alors la croyance résignée à une fatalité aveugle qui préside à la naissance, due au hasard, au jeu désordonné d'une nature folle, machinerie impersonnelle distribuant, sans raison et sans fin, des formes et des structures *ad vitam aeternam...*

Qui a tort ? Qui a raison ?

Une espérance de justice

Impossible de trancher ce nœud gordien tant que l'on n'a pas compris que la loi de réincarnation et sa sœur jumelle, la loi des conséquences ou de rétribution, le karma, pourraient bien être la clé de l'existence humaine, son espérance de justice, son explication et aussi un réconfort qui vient adoucir et aide à vivre le jeu de la vie.

Malheureusement, cette loi, bien connue et acceptée dans les aires géographiques d'un Orient extrême qui englobe l'Inde, le Tibet, la Chine, le Japon, se heurte au mur de béton de notre Occident, lequel puise dans les fondements de la religion judéo-chrétienne les raisons d'un refus et d'un rejet sans appel, en partie soutenues par la non-compréhension ou l'ignorance de ses propres écrits sacrés, mais surtout par une censure impitoyable, une occultation systématique, qui font de l'Ancien et du Nouveau Testament un livre abscons, inintelligible, totalement archaïque aux portes du troisième millénaire.

Pourtant, et ce sera notre propos, si nous savions utiliser les ressources d'une intelligence personnelle pour effectuer le libre examen de ces mêmes textes, nous pourrions découvrir que la réincarnation, vision dynamique de l'évolution spirituelle, n'en chemine pas moins secrètement tout au long de ces Écritures, tout occultée qu'elle soit dans une lecture entachée de théologie, d'exégèse doctrinale et d'un carcan dogmatique qui en effacent peu à peu le sens clair et précis. Nous songeons ici à la manière feutrée pratiquée par les grands théologiens et Pères de l'Église, tels saint Augustin, saint Jérôme, saint Thomas d'Aquin, pour noyer définitivement le « poisson-réincarnation » que la doctrine d'Origène, lui-même Père de l'Église et penseur génial, laissait traîner de façon suspecte dans le christianisme naissant.

Bien qu'anathématisée et condamnée comme hérésie par le concile de Constantinople en 553 – ce qui mit un point final à l'idée de transmigration des âmes dans la pensée chrétienne –, cette doctrine n'en continua pas moins de susciter souterrainement d'importants remous pendant les deux siècles qui suivirent la mort d'Origène.

Il était dur de renoncer à cette espérance – revivre une autre vie – pour se retrouver face aux nouveaux dogmes, appauvri et flanqué d'une seule et unique existence, surtout quand celle-ci n'était que malheurs et misères, avec pour perspective le gain éventuel d'un ciel dont l'escalade se hérissait de difficultés inhumaines. Qui pouvait se targuer d'avoir atteint la perfection en si peu de temps que l'espace d'une vie, pour prétendre y aboutir ?

Un génocide culturel

La condamnation sans appel de la pluralité des vies, et l'intolérante répression qui en résultera, allumeront les bûchers, établiront le sinistre tribunal de l'Inquisition, froide entreprise religieuse d'écrasement des esprits, dans un climat de fanatisme – style « ayatollah » avant la lettre – poussé à son paroxysme contre tous les dissidents de la foi : les gnostiques, les manichéens, les ariens, les vaudois, les cathares…

Hélas, oui, on est très certainement fondé à déclarer la chrétienté coupable de génocide culturel par l'outrance d'une évangélisation forcenée, dont on peut, sur deux mille ans, suivre les ravages historiques, philosophiques, sociologiques et psychologiques, ravages qui perdurent encore !

Qu'on en juge en toute impartialité, dans le seul domaine historique, et l'on verra la catholicité intransigeante détruire de fond en comble la plus belle des civilisations médiévales, celle du Languedoc des troubadours, pour en extirper le catharisme – la grande hérésie réincarnationniste qui fit trembler Rome.

De même, amenés dans les bagages militaires des conquistadores, les missionnaires espagnols déferleront sur les civilisations précolombiennes, en abolissant presque totalement leur culture devenue aujourd'hui presque figure de mythe.

En France, marchant main dans la main avec le pouvoir politique, l'Église s'attaquera aux protestants et autres camisards, toujours par le biais de tueries atroces destinées à ramener les « égarés » dans son giron.

Citons pour mémoire le massacre de la Saint-Barthélemy* au XVIe siècle, benoîtement enseigné dans nos livres d'histoire, et la révocation de l'édit de Nantes** sous le règne de Louis XIV, suivie de son affreuse répression, les dragonnades, qui mirent à feu et à sang les Cévennes.

En Espagne, elle combattra par la prison, la torture et le bûcher les tenants des autres religions : les musulmans, les juifs, que le concile de Latran, en 1215, obligera à porter la « rouelle », insigne distinctif de judéité face aux bons chrétiens, préfigurant sept cents ans à l'avance l'« étoile jaune »

* Paris nuit du 23-24 août 1572 puis en province
** Édit de Nantes 13/04/1598 cf Henri IV - Nantes
Révocation 18/10/1685 cf Louis XIV - Fontainebleau

imposée par le nazisme. Cet ouragan de racisme et de violence fera de la sublime religion d'amour universel prêchée par le Christ la plus sanglante et la plus étriquée des doctrines.

Et, en conscience, il ne faudrait pas oublier sa contribution effective, sinon sa bénédiction, à cette honte de l'humanité : l'esclavagisme, la traite des Noirs, sous le prétexte fallacieux de conversion, et avec, pour « justification », un verset de saint Paul : « Que tous ceux qui sont sous le "joug" de la servitude regardent leurs maîtres comme digne de tout honneur, afin que le nom de Dieu et la doctrine ne soient pas blasphémés » (Épître de Paul à Timothée, VI, 1).

Ce commandement pour le moins ambigu laissait croire que l'esclavage était un état non seulement autorisé, mais encore parfaitement naturel. Voilà bien un exemple frappant de non-compréhension d'un texte pris dans la plus sinistre des littéralités. Très certainement, c'est bien cette fureur religieuse faite de guerres, d'exactions et de massacres sans nombre, qui, au fil des siècles, va aboutir à une déchristianisation graduelle, provoquant l'érosion de la foi et le dessèchement de l'âme au XVIIIe siècle, sous l'impulsion de la philosophie des Lumières, et dont l'apogée, au XIXe siècle, verra un conflit très violent, opposera l'Église catholique à l'État républicain, aboutissant à une séparation radicale et définitive.

Ce conflit, générateur d'anticléricalisme, s'inscrira en 1906 dans la loi dite de séparation, sans éliminer pour autant l'antagonisme entre les deux parties, ce qui fera dériver l'Occident chrétien vers un cartésianisme sclérosant la pensée, d'où sortira le divorce total entre foi et raison, science et religion.

Pourtant, en ce moment même, et nous le voyons tous les jours, la question religieuse que l'on croyait définitivement éteinte, enterrée, défraie la chronique.

La montée de l'intégrisme, de quelque bord qu'il vienne, c'est-à-dire celui des différentes religions, s'accompagne inévitablement de la recrudescence du fanatisme, qui le suit de très près, avec ses corollaires obligatoires : l'intolérance, le racisme, la violence, et cela au nom d'un Dieu qui n'est jamais le même pour l'« autre », chacun étant persuadé de sa « vérité ». Le christianisme n'échappe pas à cette surenchère et le mot de Bernanos, des « vérités chrétiennes devenues folles », pourrait bien s'appliquer à notre monde actuel, où la mystique du progrès à outrance, la science et une technique de plus en plus sophistiquée tiennent lieu de religion, sans doute pour compenser le vide laissé par la notion de sacré inscrite au cœur de l'homme et qui a disparu ; en somme, le placebo de notre civilisation.

Des versets étonnants

Alors, force nous est de constater qu'aucune autre religion au monde ne peut se prévaloir d'autant de sang versé pour imposer sa « vérité » et assurer son pouvoir temporel sur les consciences, remplaçant délibérément l'ésotérisme spirituel libératoire apporté par le Christ dans son enseignement, par un exotérisme sans saveur, un ersatz de nourriture peu propre à vivifier la vie de l'âme.

En dépit des textes triturés, détournés de leur sens, dénaturés par les diverses traductions, on peut malgré tout entrevoir dans maints passages des Évangiles les restes mutilés de cet enseignement sacré.

C'est ainsi que l'épisode de Nicodème, au demeurant peu explicité parce que trop embarrassant, représente l'un des textes les plus étonnants et les plus incontournables ayant trait à la réincarnation. Le voici, tel qu'on peut le lire dans l'Évangile de Jean (III, 1-10).

Nicodème, docteur de la Loi, appartenant à la secte des pharisiens et désireux de s'instruire dans la nouvelle perspective religieuse dont il entend parler tous les jours autour de lui, vient de nuit (il se cache de ses collègues) interroger Jésus que tout le monde considère comme un maître, afin de savoir ce qu'il doit faire pour accéder au royaume des Cieux.

Le Christ, délaissant pour une fois les paraboles obscures et les aphorismes bibliques, va donner à Nicodème une réponse précise, ayant la simplicité d'une chose qui va de soi, étant entendu que son interlocuteur n'ignore rien du fait religieux : « En vérité, en vérité, je te le dis, si un homme ne naît de nouveau, il ne peut voir le royaume de Dieu. »

Bien qu'elle soit nette et sans ambiguïté, la réponse ne paraît pas très claire à Nicodème, qui peut-être attendait autre chose. Le récit évangélique nous le représente effaré, un peu abasourdi, et aussi consterné par la naïveté et l'irréalisme dont fait montre Jésus en matière de procréation. Il pense donc le piéger en lui rétorquant : « Comment un homme peut-il naître quand il est vieux ? Peut-il rentrer dans le sein de sa mère et naître ? » Impossibilité physique, on en conviendra, qui peut dérouter Nicodème à juste raison.

Mais, avec patience, Jésus recommence la leçon : « En vérité, en vérité, je te le dis, si un homme ne naît d'eau et d'esprit, il ne peut entrer dans le royaume de Dieu. Ce qui est né de la chair est chair et ce qui est né de l'esprit est esprit. Ne t'étonne donc pas que je t'aie dit, il faut que vous naissiez à nouveau. »

Cependant, Nicodème de plus en plus perdu dans ces subtilités métaphysiques audacieuses et ce tour de passe-passe qu'il ne comprend pas, répète pour la deuxième fois : « Comment cela peut-il se faire ? » Alors, franchement amusé et un peu condescendant devant l'ignorance totale de Nicodème, Jésus répond : « Tu es docteur en Israël (sous-entendu : versé dans les choses de la religion) et tu ne sais pas cela ? »

On touche du doigt, dans ce court passage évangélique, la preuve évidente que la réincarnation, vérité ésotérique, était aussi voilée dans le judaïsme qu'elle le sera dans le christianisme qui lui succédera.

Le péché contre l'esprit

Comment la clarté aveuglante de ces propos a-t-elle pu se changer en obscurité ? Seraient-ils devenus enténébrés à l'extrême là où justement ils éclatent de lumière ?

Voilà où se situe ce terrible péché contre l'esprit qui a fait trébucher tant d'âmes scrupuleuses. Il se situe exactement dans le détournement systématique du sens, d'où l'apostrophe cinglante de Jésus aux pharisiens :

« Malheur à vous, docteurs de la Loi, parce que vous avez enlevé la clé de la connaissance ; vous n'êtes pas entrés vous-mêmes et vous avez empêché d'entrer ceux qui le voulaient » (Évangile selon saint Luc, I, 52).

Et pour renforcer cette mise en garde, le Christ ponctue l'enseignement de chaque point de la Loi par le leitmotiv qui court tout au long des Évangiles, dont les pharisiens pas plus que nos théologiens ne tiennent compte : « Que celui qui a des oreilles pour entendre, entende » (Évangile selon saint Matthieu, XI, 15). N'est-ce pas un appel explicite au bon sens de chacun pour qu'il découvre lui-même la vérité cachée ?

La théologie ferait-elle délibérément la sourde oreille en laissant de côté ces textes significatifs ?

Et, dans l'Évangile de Jean, Nicodème, docteur de la Loi, n'ignore-t-il pas, lui aussi, la réincarnation inscrite dans les Écritures ?

Elle y figure cependant avec abondance. Quand Job, abandonné de tous sur son fumier, terrassé par le malheur, crie son désespoir à la face du ciel, sa lamentation ne manque pas de se muer en espérance : « Si l'homme une fois mort pouvait revivre, j'aurais de l'espoir tout le temps de mes souffrances jusqu'à ce que mon état vînt à changer » (Livre de Job, XIV, 14). « Car pour moi, je l'ai vu, ceux qui labourent l'iniquité et qui sèment l'injustice en récoltent les fruits » (Job, IV, 8).

Plus loin encore, Job décrit clairement la transmigration comme une nécessité de rétribution : « Il [l'homme] a englouti des richesses, il les vomira, Dieu les chassera de son ventre. Il a sucé le venin d'aspic, la langue de la vipère le tuera [...] Il rendra ce qu'il a gagné, et n'en profitera pas. Il restituera tout ce qu'il a pris et n'en jouira plus » (Job, XX, 15-16, 18).

Dans ce verset, toute la loi de compensation, le karma, qui se présente de façon transparente, et, pour ne pas laisser de doute dans l'esprit de celui qui la lit, Job l'accentue encore : « Que je sème et qu'un autre moissonne », parce que, continue Job, « voilà ce que fait Dieu, deux fois, trois fois avec l'homme, pour ramener son âme de la fosse [de la mort], pour l'éclairer de la lumière des vivants » (XXI, 8 et XXXIII, 29).

Alors, pour confirmer à Job qu'il est dans la bonne voie, Dieu lui répond : « J'ai trouvé une rançon. Sa chair [de l'homme] a plus de fraîcheur qu'au premier âge. Il revient aux jours de sa jeunesse » (XXXIII, 24-25).

Un enseignement tenu secret

Dans le livre de l'Ecclésiaste, un verset mystérieux résume sous une forme lapidaire le retour cyclique obligatoire : « Jette ton pain sur la face des eaux, car avec le temps tu le retrouveras » (Ecclésiaste, II, 1).

Le même Ecclésiaste décrit aussi l'amertume de l'homme voué à la mort dès sa naissance. S'il voit la réalité de la réincarnation, il en juge cependant l'espérance trop lointaine pour le consoler de sa vie présente : « J'ai haï tout le travail que j'ai fait sous le soleil et dont je dois laisser la jouissance à l'homme qui me succédera. Et qui sait s'il sera sage ou insensé ? Cependant il sera maître de tout mon travail, de tout le fruit de ma sagesse sous le soleil. C'est encore là une vanité. Et j'en suis venu à livrer mon cœur au désespoir à cause de tout le travail que j'ai fait sous le soleil. Car tel homme a travaillé avec sagesse et science et avec succès et il laisse le produit de son travail à un homme qui ne s'en est point occupé. C'est encore là une vanité et un grand mal » (II, 18-21).

Néanmoins, si la réincarnation était un enseignement tenu secret par la religion judaïque, le Christ, d'autorité, s'est chargé de lever un coin du voile, afin d'alléger le fardeau des hommes. L'épisode de saint Jean-Baptiste le prouve amplement, même si la théologie catholique a tendance à le contourner, gênée aux entournures de ce qu'elle enseigne. Voici donc cet épisode, qui se lit en toutes lettres dans l'Évangile selon saint Matthieu : « Car si vous voulez le comprendre, Jean le Baptiste, c'est lui qui est Élie qui devait venir. Que celui qui a des oreilles pour entendre entende » (Évangile selon saint Matthieu, XI, 14, 15). Le Christ ne fait que commenter la Loi, d'après laquelle les juifs croyaient, suivant les prédictions du prophète Malachie, qu'Élie devait « revenir » en précurseur du Messie attendu.

Le Christ met les points sur les *i* et confirme aux apôtres ce retour : « Élie est déjà venu et ils ne l'ont pas reconnu et ils l'ont traité comme ils l'ont voulu » (Évangile selon saint Matthieu, XVII, 12) (commentaire succinct à la mort du Baptiste emprisonné et décapité sur l'ordre d'Hérode Antipas, tétrarque de Galilée).

En suivant les différents épisodes de la vie de Jésus, on voit, disséminées dans le texte, maintes allusions à la réincarnation et au karma, allusions dont la transparence a pour effet contraire d'aveugler complètement la théologie catholique : « En vérité, en vérité, je vous le dis. L'heure vient et elle est déjà venue où les morts entendront la voix du fils de Dieu, et ceux qui l'auront entendue vivront. [...] Ceux qui auront fait le bien ressusciteront pour la vie, mais ceux qui auront fait le mal ressusciteront pour le jugement » (Évangile selon saint Jean, V, 25, 29). Peut-on être plus explicite ?

Une question insidieuse

Les disciples demandent à Jésus, au sujet de l'aveugle-né qu'il guérit le jour du Sabbat : « Maître, dis-nous qui a péché, de cet homme ou de ses parents pour qu'il soit né aveugle ? » (Évangile selon saint Jean, IX, 2).

Si la loi de réincarnation n'avait pas été une croyance sous-jacente de la religion juive, les apôtres n'auraient jamais dû poser cette question, et le Christ aurait dû s'insurger et s'écrier en toute logique : « Quelle absurdité dites-vous là, comment cet homme aurait-il pu pécher avant d'être né ? »

Cependant, il n'en fait rien et ne trouve pas étrange la question insidieuse des apôtres. Il répond sagement : « Ce n'est pas que lui ou ses parents aient péché, c'est afin que les œuvres de Dieu soient manifestées en lui » (Jean, IX, 3).

Parole mystérieuse qui ne dévoile pas le pourquoi de cette affliction, peut-être par pudeur pour le karma de cet homme exposé à la foule ; on peut remarquer cependant que Jésus ne dément pas non plus la loi de réincarnation, en une circonstance qui aurait été l'occasion parfaite pour relever une hérésie, si hérésie il y avait. Pourtant, même bien voilée, la transmigration des âmes s'inscrit à plusieurs reprises dans l'Ancien Testament.

Dans le livre de Jérémie, il y a un passage si direct, si lumineux, que la cécité, à sa lecture, ne peut être que volontaire et participer de la mauvaise foi la plus évidente : « En ces jours-là on ne dira plus : les pères ont mangé des raisins verts et les dents des enfants en ont été agacées. Mais chacun mourra pour sa propre iniquité. Tout homme qui mangera des raisins verts, ses dents en seront agacées » (XXXI, 29-30).

Dans ce verset, on entrevoit nettement la rétribution, le paiement de la dette contractée par les actions passées, le karma. Ces enfants dont il est question, ce sont les différentes personnalités revêtues de vie en vie par les pères, dont les actions mauvaises – dans ce cas précis, les fruits –, sont comparées aux raisins verts qui agacent les dents.

Le mécanisme de la Loi se déploie ici dans toute sa rigueur, même si sa description s'accompagne d'une imagerie poétique bien propre au style biblique, style empreint d'un lyrisme tout oriental aussi bien que d'un ton familier plein de solide bon sens.

En toute logique et en toute intelligence, comment pourrait-on expliquer ce verset en faisant l'économie de la réincarnation ? Si dans votre vie présente vous mangez un fruit acide, il est sûr qu'aucun de vos enfants, s'il n'y touche pas, n'aura les dents agacées. Pris à la lettre, ce verset paraît stupide et ne veut rien dire. Pas plus que le verset d'Isaïe : « Vous avez conçu du foin, vous enfanterez de la paille » (Isaïe, XXXIII, 11).

Quant à Jésus, il semble plus direct encore dans l'instruction précise de cette Loi. Dans l'Évangile selon Jean, nous trouvons cette phrase lourde de sens : « Autre est celui qui sème et autre est celui qui moissonne. Je vous ai envoyés moissonner ce que vous n'avez pas travaillé ; d'autres ont travaillé, et vous êtes entrés dans leur travail » (IV, 37-38). De même, on peut s'étonner de cet épisode incompréhensible qui a lieu lors de l'arrestation de Jésus au jardin de Gethsémani. Une cohorte de soldats romains entourent Jésus, qui n'oppose aucune résistance. Simon Pierre se révolte et, voulant défendre son maître, tire son épée et coupe l'oreille d'un des soldats.

Le Christ guérit celui-ci et dit d'un ton de reproche à Pierre, qui s'est montré non seulement impulsif, mais encore inapte à comprendre cette loi de réincarnation, que son enseignement essaye d'inculquer à ses apôtres, gens simples assez frustres : « Remets ton épée au fourreau, dit-il, car tous ceux qui prendront l'épée périront par l'épée » (Matthieu, XXVI, 52).

Le balancier de la justice

Que signifie cette parole dont on ne voit jamais la réalisation ? Combien de soldats, de généraux, ces fauteurs de guerres qui organisent des hécatombes d'innocents, meurent tout benoîtement dans leur lit ? Sans compter que chaque belligérant revendique comme un dû l'appui inconditionnel de Dieu, qui doit avoir pas mal de difficultés à débrouiller l'imbroglio humain de ces querelles absurdes, surtout quand on s'étripe en son nom !

De plus, force nous est de constater que l'épée ou les bombes dont se sont servis si généreusement ces « boutefeux » ne sont pas revenues sur leur tête. Le karma de ces actes n'est pas consommé à la minute du forfait, ni même dans le courant de leur vie. En regard de cela, la parole du Christ, « remets ton épée, etc. », serait donc mensongère ? Certainement pas si on opère une lecture avisée, car avec la loi de rétribution on sait que ces actes de guerre, délictueux, demanderont forcément réparation. Il s'écoulera peut-être des vies et des vies avant que la rétribution ne vienne rétablir le balancier de la justice pour les uns et pour les autres, tôt ou tard, dans les circonstances, les lieux et les moments les plus propices pour que s'effectue cette rétribution.

Il n'est rien qui demeure impuni, et pas un « iota » de la Loi ne peut disparaître. Le Christ lui-même le confirme : « Je ne suis pas venu abolir la Loi, je suis venu l'accomplir » (Évangile selon saint Matthieu, V, 17).

L'accomplissement de la Loi, c'est la rétribution, le karma. Pour le comprendre, regardons-en de plus près le mécanisme.

Chapitre V

Le karma (la loi de rétribution)

> *« Enseigne-moi et je tiendrai ma langue, dit Job. Fais-moi comprendre en quoi j'ai péché »*
>
> (Livre de Job, VI, 24)

Lorsque le malheur frappe à la porte, qu'il soit physique (infirmité, cécité, malformations de toutes sortes) ou psychique (folie, nature viciée, crétinisme, impuissance), nous ne pouvons nous défendre, en présence de ces afflictions, d'un sentiment de pitié et d'incompréhension.

Et quand nous sommes personnellement confrontés à ces afflictions, pouvons-nous ne pas faire nôtre la plainte de Job : « En quoi ai-je péché ? » Cependant, les chrétiens d'aujourd'hui, en égard à la mentalité moderne d'une religion qui fait du social plutôt que du sacré, ces chrétiens ne connaissent plus très bien le sens exact de la notion de péché. C'est un vocable équivoque qui recouvre tout un faisceau de comportements, d'agissements qui ont évolué à travers les siècles. Ce qui était péché au Moyen Âge ne l'est plus au XXe siècle. Qui mange strictement et peureusement du poisson le vendredi ? Tout le monde et personne, et l'interdiction de viande ce jour-là, ainsi que dans le temps de carême, n'est plus respectée, alors qu'elle était passible anciennement de tribunaux ecclésiastiques qui en faisaient un délit gravissime ; observances désuètes auxquelles on n'aurait plus l'idée de s'arrêter de nos jours, mais qui contenaient, à cette époque, leur pesant de culpabilité.

Dès lors, le péché et la souffrance comme sanction de fautes pour lesquelles on est puni par un Dieu justicier, personne n'y croit guère, et, vu sous cet angle, le péché devient un anachronisme, presque une superstition d'un autre âge, qui vient ricocher à la surface d'un monde âpre et dur, d'où la pitié semble totalement exclue.

Il y a toujours des guerres, la faim et la misère pour certains, on pille, on viole, on tue, on torture, multiples abominations que ne vient sanctionner aucun « feu du ciel » immanent.

La loi de réincarnation, principe d'ordre et de justice, éclaire d'un jour philosophique l'intelligibilité de l'univers et de l'existence, parce qu'elle se fonde sur la relation « de cause à effet » des actions, le karma, la rétribution, qui remplace avantageusement la notion de péché.

Combien nous paraît plus juste, plus simple aussi, que tout ce que nous sommes, notre caractère, nos défauts, nos qualités, notre penchant au bien ou au mal, le destin qui nous échoit, soit le résultat de nos propres actions passées, de ces autres vies où nous avons fabriqué les conditions de ce monde égoïste et cruel dans lequel nous évoluons et qui nous révolte. Si, possédant la connaissance et la liberté d'action (le libre arbitre), l'être humain se range du côté du bien, il cultive la vertu et la sagesse et en reçoit les bienfaits. S'il succombe à la tentation et fait le mal délibérément, il nourrit en lui-même les « effets » néfastes qui se retourneront contre lui.

Nous récoltons à la lettre ce que nous avons semé. Il est clair que le laboureur qui a semé du blé ne s'attend pas à trouver un champ d'orge. Il a la confiance absolue, la certitude mathématique de retrouver du blé. Pour lui, cela fait partie de l'« ordre des choses », c'est naturel !

De même les ronces des mauvaises actions portent-elles immanquablement leur contingent d'épines : chagrins, douleurs, malheurs, que nous devons assumer, tandis que les graines du bien et du beau porteront elles aussi leur fruit en leur temps et en toute équité. Dans cette optique, on voit que le karma n'est pas une punition au sens strict du terme. C'est seulement la maintenance de l'équilibre cosmique quand celui-ci a été dérangé. La loi du karma, impersonnelle, impartiale et nullement vengeresse, rétablit cet équilibre par celui-là même qui l'a troublé, par un effet de boomerang cosmique qui revient dans la main de celui qui l'a lancé.

Ainsi, par ce processus, l'homme gravit petit à petit l'échelle de l'évolution spirituelle qui le conduit par degrés vers la fusion avec le divin ; il remonte à sa source.

Le karma ? une justice divine

La doctrine du karma (mot sanscrit qui signifie « action », « œuvre ») stipule que tous nos actes déterminent des conséquences, des effets, auxquels nous ne pouvons échapper, bien que ces conséquences ne soient pas toujours épuisées au cours d'une vie individuelle, ce pourquoi elles peuvent se reporter sur des réincarnations ultérieures qui élimineront petit à petit le contenu du karma, que celui-ci soit la rétribution d'un mérite ou le paiement d'une dette.

En cela, le karma est bien la loi du monde, d'où l'impérieuse nécessité et l'urgence d'apprendre son mécanisme pour atteindre au plus vite la sortie libératrice hors de la roue des renaissances.

Mais il est bon de souligner que la loi du karma n'est pas une loi « morale » au sens strict et même restrictif du terme. Étant une loi universelle, elle n'a que faire d'une morale dont les critères suivent trop souvent les options dogmatiques des religions ou des cultures qui l'imposent. Telle la morale chrétienne, qui se différencie nettement de celles de l'islam, du judaïsme, du bouddhisme, de l'hindouisme…

Le karma, parce qu'il est résurgence obligatoire du passé qui conditionne le futur, l'avenir, trouve en lui-même sa transmutation et sa nécessité. Son dépassement et son accomplissement s'articulent sur la loi de justice et, par là, engagent la responsabilité de l'être humain dans ses actes, ses propos, ses sentiments d'amour et de haine, son vécu tout entier.

Ainsi, par son libre arbitre, la connaissance de sa nature spirituelle et l'acceptation de sa conscience, l'homme a toujours la possibilité de briser les chaînes qui l'entravent. Karma et réincarnation deviennent pour lui une hypothèse de travail qui oriente sa pensée vers une interprétation du sens des événements et éclaire d'un jour nouveau la logique de leur enchaînement.

Comprise de cette manière, la notion de karma répond mieux au « pourquoi » de l'existence. Elle éclaire la complexité d'un cosmos vivant où l'homme a sa place.

Loin d'être paralysante, facteur d'égoïsme, ou négatrice de la solidarité humaine, comme le prétendent ses adversaires, cette loi contribue à la fraternité universelle, exalte les idéaux, conforte les motivations altruistes et donne son plein sens au très bon concept de charité, si mal compris par ailleurs, surtout quand on le confond avec la petite obole jetée au mendiant posté à la porte de l'église ou quand il alimente l'effervescence des dames patronesses en visite de charité auprès de leurs « pauvres », qui se prennent toutes pour des mères Teresa en route pour la sainteté !

Une mauvaise porte de sortie

Étant donné que le karma peut se définir comme le « plan de vie », le programme à exécuter, il arrive parfois que ce plan se trouve bouleversé par des circonstances brutales aboutissant au suicide, mauvaise porte de sortie qui est en fait la défaillance personnelle de l'être humain, incapable de résister moralement ou physiquement aux agressions de l'existence.

En interrompant volontairement et prématurément sa tâche terrestre, le suicidé commet un véritable « crime » vis-à-vis de l'harmonie spirituelle. Il brise la chaîne universelle dont il est un maillon car il ignore que son propre karma s'imbrique obligatoirement dans le karma d'autres personnes dont les actions, les sentiments, les liens pouvaient être en correspondance avec son propre vécu. En cela, son acte porte un préjudice certain aussi bien à lui-même qu'aux autres. Son âme alourdie par cette « faute » passe dans l'astral, mais ne peut s'élever vers les régions spirituelles où il aurait pu trouver la paix.

Il subit alors un véritable supplice du fait qu'il n'est pas reconnu comme mort pour la nature, puisqu'il n'a pas épuisé naturellement la durée de vie qui lui était impartie. Il continue à être soumis *post mortem* aux exigences de besoins matériels tels que la soif, la faim, les tentations charnelles, qu'il ne peut assouvir faute de corps.

Bien entendu, il ne peut mettre fin à ces tortures par le moyen de la mort, puisqu'il est déjà mort. Il assiste en spectateur impuissant à la décomposition horrible de son corps dans la tombe. Il ne peut reposer son esprit par le moyen, terrestre, du sommeil. Il hante alors les milieux spirites, essayant de demander un secours spirituel, des prières, une messe...

Son corps fluidique, dont la sensibilité est énorme, ressent intensément les souffrances terrestres qu'il a voulu éviter, sans jamais trouver l'apaisement de l'anéantissement total. Il faut qu'il épuise son karma, jusqu'au moment où il aurait dû mourir normalement suivant son destin.

Toutes les religions sans distinction réprouvent le suicide et le considèrent comme la faute suprême. Toutefois, il ne faut pas en faire une damnation éternelle et, si longues que puissent être les périodes de durée dans l'astral, elles se terminent toujours par une incarnation nouvelle.

À l'occasion de ce retour sur terre, il sera à nouveau confronté avec le ou les problèmes qui lui ont fait quitter l'existence prématurément et qu'il a voulu esquiver. Ce retour est souvent rapide, étant destiné à lui permettre de supporter et de dépasser ses épreuves, nécessaire expiation et leçon qu'il doit apprendre.

Les infirmes pourraient bien être des personnes qui se sont suicidées et dont le corps présente un ou des organes déficients ou déformés en rapport avec les modalités du suicide. Un pendu peut revenir bossu, un idiot congénital s'est peut-être tué d'une balle dans la tête... toutes réincarnations anormales dont les souffrances révoltent parfois ceux qui les subissent, hélas, dans l'ignorance de la loi.

Le motif du suicide ne rentre pas en ligne de compte, même s'il paraît légitime à son utilisateur. Dans son livre *La Vie après la vie* (Éd. Robert Laffont), le docteur R. Moody donne le témoignage d'un homme qui s'était suicidé en se tirant une balle dans la tête, écrasé qu'il était par le chagrin d'un veuvage qu'il ne pouvait supporter : « Je n'ai pas pu rejoindre ma femme. Je suis allé dans un endroit affreux. J'ai immédiatement mesuré l'erreur que j'avais commise, j'ai pensé : Combien je regrette d'avoir fait cela... »

Pour les adversaires de la réincarnation, cette loi du karma semble d'une incompréhensible dureté. Ils ne manquent pas d'objecter en tout premier lieu qu'étant donné que nous ne gardons pas le souvenir des vies passées, il paraît injuste d'être puni pour des actes que la mémoire a oubliés.

Mais a-t-elle vraiment tout oublié ? Nous avons, pour la plupart d'entre nous, oublié notre vie de bébé, et dans la vie d'un adulte ne subsiste généralement qu'un vague souvenir de la prime enfance.

Pourtant, ces souvenirs sont là et tissent la trame de notre être. Dire « Je ne me souviens pas » ne signifie pas que rien ne s'est produit. C'est un peu comme si l'on prétendait que parce qu'on ne se rappelle pas avec précision tout ce qu'on a fait un 3 septembre 1970, par exemple, les actes de cette journée n'ont jamais existé.

Ces actes sont enfouis dans la conscience, ils ont été vécus, et de même que nous ne cessons de vivre quand nous dormons, nous n'en gardons pas quelquefois le moindre souvenir.

Les rêves que nous faisons nous échappent, mais très souvent ils conditionnent notre comportement de la journée ; nous en subissons l'impression, une certaine empreinte qui colore notre humeur et nous disons alors : « J'ai fait un beau rêve cette nuit » ou : « Je suis de mauvais poil, j'ai cauchemardé toute la nuit ! » Trouvons-nous injuste de rêver ?

Non, chacun de nous subit sans rechigner le « diktat » du sommeil et de la vie onirique, dans une acceptation naturelle de cette part incontrôlable de nous-mêmes.

L'oubli est un bienfait des dieux

Mais cette objection concernant l'oubli des vies antérieures n'a pas de sens. S'est-on avisé qu'il relève d'une impérieuse nécessité ? En effet, suivant l'adage très juste : « L'oubli est un bienfait des dieux », il faut savoir que l'âme, avant de se réincarner dans le plan physique, a été confrontée au panorama de ses existences passées, pas toujours très édifiantes, mais aussi de celles du futur. Dans celles-ci, elle entrevoit les devoirs à accomplir, les peines à subir, les joies, les chagrins, les épreuves physiques ou morales, tous les grains du collier de la vie dont le fil va se renouer.

Mais si l'être nouvellement incarné, qui arrive « vierge », telle une page blanche, avait connaissance du plan de vie accepté par son esprit dans l'au-delà, ce mélange de joies et de misère et, pour certains, un très dur destin, il ne fait aucun doute qu'il ne pourrait en supporter le poids. Il est sûr que le courage de vivre viendrait fatalement à lui manquer et c'est alors que le suicide lui paraîtrait la meilleure des portes de sortie, la fuite… La grande sagesse de la nature veut que notre passé – nos passés – soit aussi caché que notre avenir, afin que notre paix intérieure ne soit pas ébranlée par des actes que nous avons commis antérieurement, pas plus que par la perspective des souffrances qui nous sont réservées dans la présente incarnation.

C'est la seule manière d'apprendre, le seul moyen de forger le caractère, de tremper l'âme comme une épée pour faire face avec courage à l'adversité telle qu'elle se présente, sans incriminer un hypothétique Dieu injuste et cruel, qui se délecterait à notre insu de nos douleurs physiques ou morales, tel un « vivisectionniste » impitoyable enregistrant les réactions d'animaux cobayes dans son laboratoire.

La théologie catholique qui se réfugie, devant le Mal sous toutes ses formes, dans le définitif « c'est la volonté de Dieu » n'apporte aucun secours, bien plutôt une désespérance.

Le « pourquoi moi » et pas un autre ne trouve là aucune réponse satisfaisante. En vertu de quel critère divin serions-nous choisis spécialement pour endurer misères, privations, injustices, pendant que d'autres, plus chanceux, et faisant parfois le mal en toute impunité, profitent des plaisirs de la vie dans une abondance de biens, insulte aux parias du destin ?

De même, dans son impartiale application, il est utile de savoir que les civilisations, les peuples, les races, les familles tout comme les individus sont tributaires du karma. Collectivement, les peuples peuvent se rendre coupables et il est sûr que l'idéologie nazie (entre autres) a fabriqué un solide karma dont l'échéance tombera dans un siècle futur, quand le lieu, l'heure et les circonstances seront en adéquation totale avec la Loi.

Le temps, cette notion abstraite que nous croyons linéaire, ne compte pas, et les dettes inscrites dans le Grand Livre de vie devront être payées jusqu'au dernier centime, ainsi que le décrit le Lévitique : « Prenez garde que le pays ne vous vomisse si vous le souillez, comme il aura vomi les nations qui y étaient avant vous » (XVIII, 28).

Et pour enfoncer le clou et faire comprendre cette loi de rétribution ou de compensation, décidément très difficile à avaler, car l'être humain qui a été bafoué ou qui a subi un tort grave se délecte humainement de pensées de vengeance, écoutons encore les préceptes énoncés comme une loi intangible dans le livre de l'Exode : « Tu donneras vie pour vie, œil pour œil, dent pour dent, main pour main, pied pour pied, brûlure pour brûlure, blessure pour blessure, meurtrissure pour meurtrissure » (XXI, 24-25).

Cette énumération qui donne le frisson résume grosso modo tout ce que l'on peut faire à son prochain sur le plan physique – et l'on ne parle pas du plan moral ! – et qui ne manquera pas d'être accompli dans son intégralité, étant entendu que le plan moral, qui comporte encore plus de vilenies, participe lui aussi de la même rétribution et ne peut s'effectuer que dans une autre vie. C'est ce que chante David dans le livre des Psaumes : « De génération en génération, tu fais rentrer les hommes dans la poussière et tu dis : fils de l'homme, retournez… » (Psaume 90, 3).

Un temps… des temps

La question qui revient souvent à propos de ces retours terrestres, c'est : « Au bout de combien de temps se réincarne-t-on ? »

Impossible de donner une approximation exacte, bien que certaines chapelles occultistes soient sûres à cent pour cent de tel ou tel délai. Ce qu'on peut dire, c'est qu'il y a des réincarnations rapides et d'autres plus longues, de l'ordre de centaines d'années, ou peut-être plus. À vrai dire, personne n'en sait rien. Dans les temps de guerre, où les individus meurent jeunes, tués prématurément, les réincarnations peuvent être plus rapides, mais rien n'est moins sûr ; on ne peut généraliser, car la transmigration appartient au secret des âmes.

Une autre question qui revient souvent est de savoir combien de vies nous devons parcourir. Là encore, le nombre de retours est impossible à déterminer. Ils sont fonction de facteurs trop personnels ; il n'y a pas de plate-forme statistique pour en évaluer les critères ; certains auteurs occultistes parlent de cent réincarnations possibles, d'autres de milliers...

Ce qui est sûr, c'est que les âmes paresseuses font certainement un long parcours, puisque ce qui réduit ces « tours de piste », ce sont les efforts, les progrès que nous faisons sur le chemin de la spiritualité, de la compréhension parfaite de l'Amour universel.

Nous devons éliminer tant de défauts, de manquements, d'erreurs, d'égoïsme, de vices, de mauvais penchants, que le temps est encore notre meilleur compagnon si nous savons bien l'utiliser.

Retrouve-t-on les mêmes personnes ? Assez souvent, aussi bien en ce qui concerne les liens d'amour – parents-enfants, mari et femme, amis très chers – que les liens de haine, aussi puissants que ceux de l'amour, qui remettent alors en présence des adversaires, confrontent à nouveau des assassins à leur victime, font resurgir inimitiés tenaces ou querelles de famille. Tout cela constitue des comptes à apurer, des créances à acquitter ; le jeu du karma est si complexe qu'on ne peut envisager toutes les combinaisons.

De même on peut – et cela se conçoit aisément – se réincarner dans un autre pays, une autre race, afin d'en expérimenter le psychisme particulier, les mœurs différentes, le caractère propre, pour profiter des acquis et des possibilités intellectuelles, morales et spirituelles qu'offrent ce pays et cette race, qui feront progresser l'âme ; mais aussi, quand le karma est très lourd, régressif, on peut alors renaître dans un pays pauvre, sous-développé, dont les conditions d'existence très dures feront office d'épreuves à surmonter. Ce dernier point fera comprendre l'inanité du racisme : vous avez été noir, jaune, vous êtes blanc... il n'y a pas lieu de s'en prévaloir outre mesure.

La roue tourne pour tout le monde.

Chapitre VI

L'homme en sa trinité

> *« Comme dans l'eau le visage répond au visage, ainsi le cœur de l'homme répond au cœur de l'homme »*
>
> (Proverbes, XXVII, 19)

Les trois corps

Le but de la vie n'est pas le bonheur, mot qui recouvre un état de satisfaction bien différent pour chacun, mais l'acquisition de la sagesse par l'expérience.

Car l'expérience est la connaissance des « effets qui suivent les causes ». C'est l'objet de la vie, et pour cela la confrontation avec le bien et le mal (les deux forces contraires) est nécessaire, ainsi que la liberté d'action qui permettra d'éprouver l'un et l'autre.

L'explication de la vie humaine relève essentiellement de l'ordre spirituel éternel. Le monde matériel tel qu'il nous apparaît n'est qu'un aspect infini de l'ultime Réalité et ne saurait nous fournir une idée de l'ensemble.

Tant que nous n'avons pas « appris » tout ce que nous devons apprendre dans ce monde, il nous faut revenir. Et pour comprendre ce « revenir » qui paraît une incongruité quand on ne connaît pas la constitution de l'être humain, il se révèle nécessaire d'en exposer les modalités.

Même si nous n'en avons pas conscience ou si nous l'ignorons, il faut savoir que l'homme est une trinité.

Il se compose de trois corps ou trois principes : le corps physique, le corps astral, véhicule de l'âme, et le corps spirituel, notre Esprit immortel.

Entre ces trois corps, il n'y a pas de démarcation tranchée. Ils s'interpénètrent librement. On pourrait facilement les comparer à l'arc-en-ciel, dont les couleurs distinctes se fondent les unes dans les autres, tout en restant chacune parfaitement perceptible dans sa nuance particulière.

LE CORPS PHYSIQUE

C'est le vêtement, la tunique de peau, l'enveloppe éphémère qui habille les différentes incarnations de l'Esprit éternel.

Simple instrument, outil dépourvu d'intelligence réfléchie, il est indispensable aux « voyages » de l'âme ; mais c'est aussi une prison où l'âme s'enferme lors de sa naissance dans la matière. On doit néanmoins le respecter et non le mépriser. Il est exactement approprié aux fonctions qu'il doit remplir et dont on se dépouille à la mort. Ce corps est composé de solides, de liquides, de gaz, d'organes ; biologiquement c'est un tout.

Que reste-t-il au moment de la mort de ce corps ? Peu de chose. Il se décompose et ses éléments se dissolvent dans la terre dont il est issu. La « forme » s'évanouit... Quand on réfléchit vraiment à cette dissolution, qui peut se constater *de visu* si on ouvre une tombe après un laps de temps convenable, on peut voir soit la décomposition partielle à l'œuvre dans le cadavre, soit, s'il s'est écoulé un très long temps, le résidu d'ossements épars.

Devant cet anéantissement, que devient le dogme chrétien de la résurrection des corps à la fin des temps ? Comment ces ossements, cette poussière pourraient-ils « ressusciter » ? Et si le corps a été incinéré, comment faire revivre des cendres, cendres qui ont été dispersées aux quatre vents ou jetées dans la mer ou l'eau d'un fleuve ? Il y a là une proposition contraire au bon sens.

La vraie résurrection, c'est l'âme qui se retrouve vivante dans l'au-delà, dans son corps astral, le nouveau véhicule qui va lui permettre de se « réveiller » à une nouvelle vie, libérée de la pesanteur du corps physique qu'elle a quitté, corps qui était peut-être vieux et malade ; c'est là que réside la véritable délivrance.

LE CORPS ASTRAL OU ÉTHÉRIQUE

Suivant les termes employés par les occultistes, qui ne sont pas toujours d'accord sur l'appellation exacte, mais qui lui attribuent cependant la même fonction, le véhicule de l'âme est dénommé « corps vital », « corps astral », « éthérique », « subtil » ; c'est le « périsprit » des spirites... À travers toutes ces appellations, il est toujours le véhicule de la force vitale qui circule dans le corps physique, dont il assure la cohérence et épouse la forme. Il construit, répare, guérit celui-ci... Il est véritablement son double. En lui habitent les émotions, les sentiments, les désirs, la sensibilité. Il sert à la perfection de « moule » au corps physique, en lui incorporant la quintessence des défauts, des qualités physiques et psychiques de ses incarnations précédentes.

C'est sur lui qu'agissent les magnétiseurs, les guérisseurs, les acupuncteurs, les hypnotiseurs. Son dysfonctionnement est à la base des dépressions nerveuses, des maladies psychosomatiques, des troubles mentaux, etc., que la médecine a tant de mal à éliminer. Mais il est aussi celui entrevu par la médiumnité, la voyance et toutes les facultés paranormales qui provoquent tant d'intérêt de nos jours.

Très plastique, tout à fait adapté au corps physique, mais moins délimité que celui-ci, le corps astral est très lumineux. Son extension autour du corps est d'environ 4 cm : c'est l'aura, dont la coloration est à peu près celle de la fleur de pêcher fraîchement éclose.

Ce corps astral – ou éthérique, subtil – est en somme notre « bulle » protectrice, et le nimbe que l'on représente au-dessus de la tête des saints, l'auréole, en est la figuration artistique. Scientifiquement, le corps astral est une sorte de champ magnétique parcouru de vibrations intenses et colorées qui varient suivant l'état physique et émotionnel de l'individu ; mais ces vibrations sont tellement rapides que l'œil ne peut les apercevoir : il est donc invisible.

Cependant, quelques médiums et voyants particulièrement doués voient parfaitement l'aura des personnes, et de ce fait ils peuvent détecter, à sa coloration plus ou moins altérée, les détériorations apportées par la maladie et les troubles du psychisme de la personne qui les consulte.

Évidemment, les matérialistes et les rationalistes auront beau jeu d'avancer comme argument que, puisque le corps astral est invisible, il n'existe pas !

Certes, mais on pourrait en dire autant de la pensée, qui elle non plus n'est pas visible, et pourtant tout le monde croit à la pensée. L'air est également invisible, cependant nous le ressentons et en absorbons notre ration consciencieusement, seconde par seconde, sans réfléchir à la matérialité impalpable de sa présence et sans la nier, malgré son invisibilité. Les ondes, les radiations, que nous utilisons dans bien des domaines sont également invisibles, et pourtant nous ne les mettons pas en doute un seul instant.

La corde d'argent

Le corps astral est relié au corps physique qu'il anime et interpénètre par un fil extensible, sorte d'élastique mince et brillant que l'on appelle la « corde d'argent », sans doute à cause de sa couleur blanc bleuâtre.

Grâce à ce fil, le corps astral peut se transporter à de très longues distances tout en restant attaché au corps physique. Pendant le sommeil, le corps astral va et vient et la « corde d'argent », semblable à la corde de rappel des alpinistes, ramène le corps astral dans le corps physique. Il en est ainsi tant que la « corde d'argent » ne se rompt pas. C'est le corps astral qui est le dépositaire de toutes nos pensées, de tous nos sentiments, de tous nos désirs. Il englobe ce qu'on appelle le conscient et le subconscient. Il est en fait la psyché et constitue notre personnalité humaine.

Il est aussi le siège de la sensibilité, car, aussi surprenant que cela paraisse, le corps physique est par lui-même complètement insensible. Quand on éprouve une douleur, blessure, brûlure, etc., cette douleur est en réalité ressentie par le corps astral, le double éthérique. C'est à cause de cette particularité que l'anesthésie opératoire est réalisable.) ?

En effet, dans ce cas précis, le corps astral est en partie expulsé hors du corps physique et toute sensibilité est alors abolie : c'est ce retrait partiel et momentané qui permet l'insensibilité parfaite du corps physique ; dès que l'effet des substances inhibitrices s'est évaporé, le corps physique retrouve sa sensibilité.

Quand on pratique une anesthésie locale, la partie du corps astral correspondante est rejetée et l'endroit insensibilisé devient indolore. Un exemple type : l'extraction dentaire, qui serait certainement un summum de torture digne du plus cruel des bourreaux, devient, pour peu que le praticien soit habile et compatissant, une séance bénigne – sans pour autant être un agrément, il s'en faut !

Puis, au fur et à mesure que l'effet anesthésiant se dissipe, on retrouve, hélas, toute la douleur… mais votre dentiste ne peut plus rien pour vous. C'est bien parce que le corps astral est véritablement le siège de la sensibilité que les personnes qui ont été amputées d'un membre, éprouvent parfois des douleurs diffuses, où, à l'évidence, il n'y a plus rien.

Dans le sommeil, c'est avec le corps astral que nous rêvons. C'est lui qui enrichit notre vie psychique, en lui se retrouvent toutes nos personnalités passées qui imprègnent notre personnalité présente, il est le véhicule de notre Esprit immortel, tout comme le corps physique est son véhicule terrestre.

C'est à partir du moment fatal où la corde d'argent est rompue que le corps physique « meurt » complètement, ainsi qu'il est dit dans l'Ecclésiaste : « Si donc un homme vit beaucoup d'années, qu'il se réjouisse pendant toutes ces années et qu'il pense aux jours des ténèbres qui seront nombreux… » (Ecclésiaste, XI, 8) ; et : « Avant que le cordon d'argent se détache, que le vase d'or se brise, que le seau se rompe sur la source et que la roue se casse sur la citerne, avant que la poussière retourne à la terre comme elle y était, et que l'esprit retourne à Dieu qui l'a donné… » (XII, 8-9).

Enrichie de toutes ses expériences terrestres, l'âme, enveloppée du corps astral, s'échappe par le sommet de la tête dans un mouvement de spirale, telle une fumée vaporeuse… Cependant, encore hésitante dans son envol, l'âme plane un certain temps au-dessus du corps physique qu'elle a abandonné, et c'est pour cette raison qu'on ne doit jamais incinérer, embaumer ou enterrer un corps dans la minute qui suit la mort, afin de ne pas désorienter l'âme, souvent étonnée de se retrouver vivante, et qui contemple « son » cadavre.

De même, si les personnes présentes, parents et amis, qui sont certainement plongées dans un chagrin et une douleur légitimes par la perte d'un être cher, expriment trop bruyamment leur peine, l'âme, là encore, éprouve une grande souffrance.

Elle voit et entend mais ne peut intervenir pour consoler ceux qui pleurent. Retenue malgré elle par le souvenir et l'affection des siens, son envolée dans l'astral s'en trouve retardée ; elle plane et regrette le plan terrestre, dont pourtant elle doit se détacher tout à fait.

Serait également à proscrire tout acharnement thérapeutique trop prolongé, tel qu'on a pu en exercer sur des personnalités importantes : chef d'État, hommes politiques, etc. Ces actes médicaux peuvent être considérés comme criminels, en ce sens que, par l'effet de stimulants et de drogues puissantes, ils obligent l'âme, qui aspire, dans le corps astral, à la délivrance de son « heure dernière », à réintégrer brutalement le corps physique, ce qui constitue une véritable torture.

Les « revenants » de mort clinique ont tous exprimé cette horreur : retrouver par force leur prison de chair, surtout quand ils croyaient, pris par la douceur et la sérénité d'un état qu'ils ont qualifié de « paradisiaque », avoir définitivement quitté un monde d'épreuves et de souffrances.

Une enveloppe froide, répugnante…

Il n'est nullement question ici de jeter la pierre aux médecins qui tentent, en conformité avec l'éthique et l'honneur de leur profession, de sauver coûte que coûte ou d'arracher à la mort des gens qui ont pratiquement un pied dans la tombe ; il faudrait au contraire les renseigner et les documenter sur les conséquences de ce geste humanitaire, qui les honore en tant que tel parce qu'il est fait en toute bonne foi, mais qui, au regard de la loi d'évolution, est totalement inadéquat.

Écoutons le témoignage paru dans la revue *Quel avenir, madame* de Yolande E…, rappelée à la vie après un coma consécutif à la naissance de son premier bébé : « Je me suis glissée dans une enveloppe froide, répugnante… J'ai eu l'impression de m'installer à l'intérieur de pieds, de jambes, comme pourrait le faire une pieuvre. J'avais envie de repartir, mais des êtres invisibles m'aidaient à remettre en marche cette machine appelée "Moi, Yolande" »…

Bien entendu, dans le cas de Yolande E..., la « corde d'argent » n'ayant pas été brisée, la mort n'a pas été définitive : ce n'était qu'un état « approchant ».

Quand la mort est effective, l'âme, qui habite le corps astral, quitte le corps physique comme un vieux vêtement. Projetée dans l'astral, elle éprouve la peur de l'inconnu et subit le choc consécutif à ces nouvelles conditions. Elle ne peut se faire voir ni entendre et, cependant, elle voit les parents, les amis. Les uns pleurent, les autres sont indifférents. C'est pour elle un moment de confusion. Puis survient le panorama de tous les actes de sa vie, un film d'images lumineuses, impressionnantes par leur réalisme, par leur vie, qui la forcent à s'interroger sur sa propre conduite. Souvent à ce stade intervient l'« être de lumière » qui demande avec bienveillance : « Qu'as-tu fait de ta vie ? »

Une lutte s'engage entre les bonnes et les mauvaises pensées que l'âme a emportées avec elle. Elle saisit en un instant le côté caché des choses, les « effets » de ses actes, qu'elle découvre dans toute leur amplitude et avec la vision de leurs conséquences.

De chaque bonne action émane une chaleur psychique qui la réconforte et l'enveloppe de lumière. Toute action néfaste, au contraire, irradie le froid, l'obscurité.

En somme, l'âme, au cours de ce passage, porte un jugement personnel sur ses propres actions et reconnaît leur valeur, positive ou négative, par rapport aux personnes qui en ont subi les effets.

Elle s'aperçoit alors qu'elle a contracté des « dettes », elle en mesure l'étendue, le poids, et il lui vient dans un sentiment très vif d'équité le désir de les rembourser. À ce moment douloureux de face-à-face avec elle-même, l'âme reçoit l'assistance et ressent la compassion d'« êtres lumineux » qui la soutiennent dans son désarroi. Ces entités spirituelles l'éclairent sur sa situation nouvelle, la réconfortent et lui font entrevoir la lumière intérieure qui brille dans le foyer de son être, cet Esprit immortel dont elle est une étincelle vivante.

Tous les témoignages rapportés par les livres du docteur Raymond Moody parlent de cette lumière comme d'une « personne », un « être de lumière » plein d'amour, de chaleur, de bienveillance, pratiquement le même dans toutes les cultures religieuses, le même également pour les athées qui, ayant fait l'expérience d'une « approche de la mort », ont été eux aussi confrontés avec cette entité.

Le schéma en paraît si immuable en dépit des races, des croyances, que l'on reste troublé devant le modèle commun qui sous-tend ces expériences.

Ce « scénario » se répète avec une telle constance qu'il exclut toute appropriation de la « vérité » par telle ou telle religion. Sa récurrence même devrait nous ouvrir les yeux et promouvoir une réflexion honnête, intelligente et sincère sur cet universalisme de la Conscience divine, la même pour tous sans distinction confessionnelle, ou même dans l'incrédulité la plus parfaite. Cette attitude éviterait sans doute les luttes fratricides, les querelles dogmatiques, la bataille des « hérésies », le fanatisme des intégrismes, tous ces étripages religieux qui ne riment à rien, sauf à faire des monceaux de cadavres, et font autant de dégâts, sinon plus encore, que les visées politico-territoriales des peuples jetés les uns contre les autres.

Triste constatation : la guerre, quelle que soit l'idéologie qui la sous-tend, est l'état permanent de la Terre et on peut constater que l'injonction divine, si souvent reprise par le Christ, « tu aimeras ton prochain comme toi-même » reste lettre morte.

Déterminisme et liberté

Mais, à la vérité, qui se soucie d'aimer son prochain, quand nombre de gens ont déjà tant de mal à s'aimer eux-mêmes ? Quand ils sont dévorés de convoitise et de jalousie envers ceux

« qui ont tout » ? Quand ils constatent que la beauté, la richesse, l'intelligence, les dons multiples sont si mal partagés ? Quand ils voient tous les jours l'inanité de la belle devise *Liberté, Égalité, Fraternité*, si mal comprise, qui a exercé et continue d'exercer des ravages plus dévastateurs que toutes les épidémies, les fléaux naturels, les catastrophes géologiques, les hécatombes meurtrières sur fond d'holocauste ?

Pourtant, avec un tant soit peu de réflexion, il paraît inévitable de se rendre compte jour après jour, et tout au long d'une vie, que les hommes ne sont « nés » ni libres ni égaux. Il y a là un glissement subtil d'un verbe non approprié à un autre plus près de la vérité. Les hommes ont été « créés » libres et égaux, mais ils ne « naissent » pas ainsi.

Il n'y en a pas deux dont le fardeau soit semblable, et pour excuser cette inégalité on parle souvent d'hérédité, de conditions familiales privilégiées, ou même de société, la grande fautive à l'heure actuelle, la responsable de tous les malheurs.

À la vérité, l'idée égalitaire n'est que le rouleau compresseur qui lamine des inégalités réelles et factices à la fois, pour leur substituer des inégalités plus fraîches, plus neuves, tout aussi contraignantes, dont le déguisement psychologique rassure un moment l'être humain.

Des questions viennent alors à l'esprit. Pourquoi un enfant qui arrive en ce monde dans l'innocence d'un jour tout neuf naît-il estropié, aveugle, muet, atteint de crétinisme, mongolien, etc., tandis qu'un autre débute en ce même jour armé d'un corps vigoureux, sain, plein de vitalité ?

Pourquoi un enfant arrive-t-il à vivre une vie d'adulte parfois très longue, alors qu'un autre, né peut-être le même jour, meurt au bout de quelques semaines ou quelques mois, vie fugitive qui ne laisse derrière elle que désespoir et chagrin ?

Pourquoi le génie, marque d'un esprit supérieur, ne se transmet-il pas ? On voit des familles d'intellectuels prestigieux donner le jour à des enfants plus que quelconques, au grand dam desdites familles, tandis que des cerveaux supérieurs éclosent dans des milieux complètement illettrés, parfois de la plus basse extraction.

L'hérédité n'existe pas au plan du destin particulier de l'individu.

C'est ainsi que le dicton mal interprété *Tel père, tel fils* signifie, non pas que nous héritons des qualités ou défauts de nos géniteurs naturels – bien que la ressemblance physique ne soit pas exclue – mais que nous sommes en fait les pères et mères de nos œuvres bonnes ou mauvaises. En toute justice ! L'ego (notre ego) qui s'incarne est en principe attiré vers une famille avec laquelle il possède des affinités morales, mais il peut aussi s'incarner en opposition totale avec la tendance de cette famille par suite d'un karma entraînant des obligations contractées dans une autre vie.

Un exemple simple : deux personnes reliées par un sentiment de haine si fort que l'une pourra commettre sur l'autre des actes violents, un meurtre même. La mort des deux antagonistes n'ayant pas liquidé la dette, l'attraction de haine les réunira dans une autre vie, en vue d'une transformation de cette haine en amour et pardon, même si pour en arriver à ce but il faut plusieurs incarnations. Tant que la leçon ne sera pas apprise, assimilée, ils se retrouveront face à face. Une consolation : le même mécanisme vaut aussi pour l'amour ; les âmes qui se sont aimées se retrouvent également pour continuer le lien d'amour que la mort ne peut interrompre.

L'esprit s'incarne pour acquérir de l'expérience, se rendre maître du « moi » inférieur, arriver à la parfaite maîtrise du « Soi » spirituel et faire la jonction avec le divin. Quand cette réalisation est à son terme, il n'est plus nécessaire de se réincarner. La leçon a été comprise. C'est la libération hors de la roue des renaissances.

Cependant, il ne faut jamais prendre la loi de réincarnation et le karma comme un état de stagnation dans lequel s'enliserait notre volonté. Nous pouvons et nous devons, dans le cadre de cette loi, faire jouer notre libre arbitre, essayer de connaître au plus près notre plan de vie pour en extirper le médiocre et en réaliser le meilleur.

À cette fin, l'astrologie, qui étudie et représente les relations entre l'homme et le ciel, reste un outil irremplaçable, puisque la loi de réincarnation, qui est une loi universelle d'évolution, travaille avec les corps célestes, les planètes, et tourne avec les signes du zodiaque, qui sont les panneaux indicateurs du sentier que nous devons parcourir.

C'est un outil plus pointu encore que peut être l'astrologie karmique (voir sur ce sujet l'excellent ouvrage de Laurence Larzul et Patrick Giani, *Les Nœuds lunaires*, Éd. De Vecchi), qui complète la précédente et permet de faire apparaître les acquis antérieurs, les failles, la capacité d'ouverture et d'acceptation de la leçon karmique, dans la marge de liberté octroyée par les indices planétaires du thème. Le thème karmique dévoile la maturité psychique de l'être, car celui-ci occupe toujours la place légitime qui correspond à sa mentalité. Nul autre que lui-même ne lui a assigné cette place. Pas de Dieu vengeur ou de Satan pervers sur lequel rejeter la responsabilité, il n'y a que le « moi » personnel appelé à se perfectionner.

En effet, il faut comprendre qu'il est opportun pour l'ego de passer par toutes les conditions qui s'expriment dans chaque signe zodiacal, tantôt dans un corps masculin, tantôt dans un corps féminin, car les expériences diffèrent considérablement d'un sexe à l'autre, cela tombe sous le sens.

Il paraît donc inutile et absurde de pratiquer un « machisme » arrogant, aussi bien qu'un féminisme exacerbé : l'une et l'autre position sont aussi ridicules, d'autant que l'âme éternelle n'a pas de sexe. Habillée de matière, elle plonge dans l'océan neptunien de la création pour dépasser la double nature masculine-féminine, expérimenter le jeu de la dualité et parvenir à la réalisation, l'état divin promis par les

Écritures : « J'ai dit : Vous êtes des dieux et fils du Très-Haut ! » (Psaume 82, 6).

L'ego qui doit se réincarner naît exactement au moment où la position des planètes (qui représentent les principes originels et n'ont aucune influence concrète en tant qu'astres) offre les conditions adéquates pour lui permettre de vivre ses expériences et pour assurer son progrès futur dans l'école de la vie. Dans cette perspective, les naissances forcées, très à la mode, se révèlent néfastes et préjudiciables au psychisme du nouvel incarné, qui est alors arbitrairement écarté de son « moment astrologique ».

En effet, dans le thème astral « naturel » sont introduites les données graphiques des différentes énergies de l'être, en somme son « plan de vie », le travail qu'il doit accomplir tôt ou tard. Cependant, à l'intérieur de ce plan déterminé, la loi de polarité joue sa partie. L'ego a le droit et le devoir d'exercer son libre arbitre pour choisir la meilleure solution face aux problèmes personnels que, bien entendu, il lui faudra résoudre pour assumer son destin.

Jouer le jeu de la vie tel qu'il se présente à chacun de nous dans son immuabilité éternelle et dans sa diversité, élargir le champ de la conscience, c'est aller dans le sens de l'évolution, c'est utiliser une dynamique qui permet à l'homme de s'insérer dans l'univers, d'y « être chez soi », et non d'y résider en « étranger » tenu de renouveler un visa incertain, hasardeux, qui le transforme en apatride avec toutes les frustrations que comporte cet état.

L'adage astrologique *Les astres inclinent, mais n'obligent pas* illustre bien cette faculté de libre arbitre qui exclut la fatalité. Non, l'homme ne peut être cette « toupie du Très-Haut », comme l'a qualifié le peintre Max Jacob dans un pessimisme mystique qui aboutirait inexorablement, si l'homme était cela, à une désespérance dans laquelle sombrerait définitivement notre liberté.

Si l'aspect particulier d'une situation astrale représente le « devoir » à accomplir, la vie étant une école, faire ses « classes » de la meilleure façon possible pourrait nous éviter de « redoubler » trop souvent ! Cela signifie que notre destinée repose entièrement dans nos mains. Nous reviendrons et les conditions dans lesquelles nous commencerons une vie nouvelle seront le résultat de celles que nous avons déjà vécues, car une existence ne représente en réalité qu'un jour très bref au cours d'une longue, très longue vie... nous y rencontrerons probablement le même type de problèmes qui font partie de la nature humaine, mais les modalités en seront tout autres... « Puis je vis un nouveau ciel et une nouvelle terre, car le premier ciel et la première terre avaient disparu » (Apocalypse, XXI, 1).

LE CORPS SPIRITUEL, L'ÂME

C'est le germe divin, le *Je* essentiel, immortel, l'étincelle de conscience de la Conscience universelle, l'Absolu. C'est notre âme individuelle qui se développe constamment, en marche vers le divin, le fils de Dieu dans la pleine acception du terme.

Entre deux incarnations, l'âme en passant par la porte de la mort qui dissout sa matière prend un temps de repos, comme nous-mêmes, à la fin d'une journée, nous glissons dans le sommeil réparateur. Là, elle fait le bilan de ce qu'elle a vécu, ses échecs, ses victoires, ses faiblesses, ses responsabilités, ses expériences : c'est le grand moment du jugement dont parle la Bible, moment redoutable et terrible pour certains. Mais ce jugement n'est pas délivré, comme on l'imagine trop souvent, par un Dieu colérique, intransigeant, répressif, genre croque-mitaine qui fait peur aux enfants. C'est en vérité l'âme qui se juge elle-même, ainsi que le décrit fort justement un témoignage extrait du livre de Raymond Moody, *Lumières nouvelles sur la vie après la vie* (éd. Robert Laffont) : « Je ne voyais pas seulement ce que j'avais fait, mais même les répercussions que mes actes avaient entraînées pour d'autres personnes... J'ai découvert que même mes pensées étaient conservées. Toutes mes pensées étaient là... » Écoutons cet autre témoignage : « Et soudain une entité spirituelle d'une espèce inconnue, un esprit de chaude tendresse, tout vibrant d'amour, un "être de lumière" a fait surgir une interrogation qui m'a porté à effectuer le bilan de ma vie passée. » Le jugement n'est donc pas le fait de l'être de lumière (Dieu ?), car cet être, au contraire, semble aimer et accueillir ceux qui se présentent avec une impartialité remplie d'amour. Il peut même apporter des conseils pour la conduite de la vie, quand le présumé mort retourne à l'existence : « Il te faut maintenant rejoindre le corps que tu as laissé et revivre parmi les hommes ; toutefois, si tu veux bien peser tes actes avec plus de soin et œuvrer de façon à conserver tes paroles et ta conduite dans les voies de la vertu et de la simplicité, alors quand tu mourras, tu obtiendras toi aussi une demeure parmi ces esprits bienheureux que tu vois. »

Savoir, apprendre, connaître, telle est la tâche de l'âme, son devoir impératif, c'est ce qui ressort d'un autre témoignage rapporté par Raymond Moody : « Il [l'être de lumière] insistait beaucoup sur l'importance de la "connaissance". Il me signalait sans arrêt tout ce qui a rapport avec "apprendre". Il m'a dit que j'allais devoir continuer à apprendre, et que même lorsqu'il reviendrait un jour me chercher (parce que entretemps il m'avait révélé que j'allais revivre), il y aurait toujours en moi un besoin de savoir. Il m'a dit que c'est un besoin permanent, d'où j'ai conclu que cela doit continuer après la mort et je crois bien que son but en me faisant assister à tout mon passé, était de m'instruire. » Et dans un autre passage : « Il [l'être de lumière] n'essayait pas de s'informer sur ce que j'avais fait, il le savait parfaitement, il choisissait certains passages de mon existence et les faisait revivre devant moi pour me les remettre en mémoire. »

Il ressort clairement de ces témoignages que le ciel, l'enfer et le purgatoire de la tradition catholique ne sont pas des lieux situés dans une dimension arbitraire, le ciel en haut, l'enfer en bas (?) et le purgatoire au milieu. Cette représentation très naïve est inexacte. Ces lieux sont des « plans ». Ils s'interpénètrent tout en gardant leur densité propre, différente, et cette densité s'épure et se spiritualise à l'infini.

Qu'est-ce donc qui détermine l'« endroit » où l'âme se dirige après la mort ?

Elle va naturellement à la place qui lui appartient de par son développement spirituel personnel. Étant donné que le fait de mourir ne produit aucun changement de mentalité, l'âme emporte dans l'au-delà ses pensées, ses convictions, son caractère. Chacun reste ce qu'il est intrinsèquement, il n'y a pas de baguette magique qui transforme la citrouille en carrosse somptueux. L'âme qui sur cette terre a vécu dans la turpitude, la haine, le mal sous toutes ses formes, se retrouve dans le « plan » qui va de pair avec son ambiance naturelle, ce qui peut pour certains constituer l'enfer. Pour d'autres, moyennement coupables d'égoïsme, et de tous les défauts inhérents à la nature humaine, comme c'est le cas pour la plupart d'entre nous, le « plan » pourra représenter le purgatoire, lieu de repos, de comptabilité, de bilan, où l'âme expérimente différents niveaux de conscience, médite, se dépouille petit à petit de toutes les scories qui l'alourdissaient pour aller vers la lumière.

Allégée, instruite, soutenue par des esprits spirituels, des « guides », l'âme s'abandonne alors à la félicité de ce plan. Elle renoue les liens d'amour avec les personnes qu'elle a aimées et qui l'ont précédée.

Elle amasse en elle-même la somme de ses vies, dont les conséquences s'intègrent dans l'univers, et pose ainsi les fondements de son futur karma, qui se manifestera dans sa prochaine incarnation, pour y trouver la compensation, la rétribution bonne ou mauvaise qui s'inscrira dans d'autres actes et d'autres situations où seront forcément impliqués les karmas des anciens et nouveaux compagnons de sa future vie.

Pour le matérialiste convaincu, le panorama *post mortem* que nous venons de décrire peut sembler un leurre, une fantasmagorie, une pure illusion dans laquelle, pensera-t-il, l'être humain s'enlise pour combattre sa peur viscérale de la mort. Ce matérialiste ne peut comprendre et même concevoir que les actions humaines en général, et surtout les plus infimes, puissent avoir d'autres effets et significations que ceux qu'elles manifestent dans le monde physique, puisqu'il croit que celui-ci représente le « réel ». Tragique erreur qu'il expérimente quand il se retrouve dans l'au-delà, vivant, bien vivant dans un corps fluidique qui ressemble au corps physique qu'il a laissé derrière lui. Si vivant même qu'il peut ne pas se rendre compte tout de suite qu'il est « mort ». C'est dans ce cas précis, dans l'incrédulité de son décès, qu'il essayera de communiquer avec ses parents ; il crie, il appelle, il touche les personnes qu'il voit affligées, mais ses membres fluidiques ne rencontrent que le vide, il est alors tout désorienté et, dans un prodigieux effort mental, il atteint la conscience de sa femme ou de ses enfants ou d'un ami, lesquels pourront dire quelquefois : « Mon mari… mon père… mon ami m'est apparu au moment de sa mort… » ; enfin, lassé de ses tentatives infructueuses pour retenir l'attention de vivants qui ne semblent pas l'apercevoir, il se résigne et se dit : « Je suis mort… et pourtant je vis… comme cela est étrange… »

Chapitre VII

Les vies antérieures

> *« Ne fais donc pas attention à toutes les paroles qu'on dit, de peur que tu n'entendes ton serviteur te maudire, car ton cœur a senti bien des fois que tu as toi-même maudit les autres »*
>
> (Ecclésiaste, VII, 21-22)

Il arrive parfois que nous ayons le sentiment étrange et profond qu'une personne ou un événement rencontrés au cours de notre vie pénètrent en quelque sorte par effraction dans notre être intime. Ces éventualités totalement inconnues parlent à notre âme comme si elles émergeaient du fond de nous-mêmes, impressionnent nos sens, s'infiltrent dans notre entendement et, par résonance, soulèvent des ondes de sympathie ou d'antipathie qui laissent ravi ou mal à l'aise sans qu'on puisse en expliquer le pourquoi.

Ce sentiment de « déjà connu », parallèlement au « déjà vu » quand il concerne des paysages, des lieux, c'est le lien karmique, le retour du passé, kaléidoscope d'où surgissent les nouvelles combinaisons de situations et les groupes d'âmes imbriquées dans une « vie antérieure » qui se retrouvent face à face pour actualiser la vie présente.

Ou « déjà entendu »

Le « déjà vu » ou « déjà connu » peut apparaître n'importe où et n'importe comment aussi bien que n'importe quand. Il arrive souvent par la voie d'un rêve répétitif, obsédant, parfaitement étranger au mode de vie terre à terre quotidien : rêves de contrées lointaines, rêves d'époque ancienne si précis dans les mœurs, les vêtements, le langage même, que l'on se dit immanquablement au réveil : « Mais où vais-je chercher tout ça ? »

D'autres fois, c'est l'impression fugitive, très nette cependant, d'avoir vécu une situation semblable à celle qui a lieu dans l'instant, d'avoir entendu les mêmes mots, éprouvé la même émotion, de reconnaître une maison, une rue, entrevues l'espace d'un éclair, de ressentir pour un pays étranger une fascination que rien ne justifie et, plus troublant encore, expérimenter le sentiment confus de se retrouver « chez soi » quand on est amené à visiter ce pays. Ces « flashes » qui flamboient dans la mémoire ne manquent pas d'impressionner les âmes sensibles et font parfois naître des interrogations qui peuvent conduire à reconsidérer l'optique communément admise qu'on ne « vit » qu'une fois…

Pour les matérialistes à tout crin, ces « fulgurations » sont sans importance. Ce ne sont qu'aberrations de l'esprit, fantasmes, envies secrètes tapies au fond de l'inconscient, ou, pour les inconditionnels de Freud, des désirs sexuels mal refoulés, ou, pis, des délires d'hallucinés relevant tout bonnement de l'asile psychiatrique !

Jugements faciles et rigidité d'opinion de rationalistes qui s'abritent confortablement derrière les théories de la psychanalyse et le brillant intellectuel d'une science médicale fort secourable et précieuse, certes, mais qui a été trop souvent érigée en véritable « culte ».

Le mot « culte » paraîtra peut-être excessif, mais il est vrai que l'intransigeance et parfois même le fanatisme de quelques psychiatres, psychanalystes et autres assimilés « psy » ressortissent presque à une religion.

En l'occurrence, la religion de la psyché, dont ces « psy » démontent et remontent les rouages en praticiens infaillibles qui croient en connaître le mécanisme sur le bout des doigts et qui s'imaginent être totalement exemptés, de par leur formation scientifique, des crédulités ou des naïvetés du commun des mortels !

Pour preuve de cet ostracisme, nous rappellerons les débats houleux, orchestrés par des psychologues, des psychiatres et des ecclésiastiques, lors de la parution du premier livre de Raymond Moody, *La Vie après la vie*, paru en 1978.

Pour les « psy », ce fatras mystique de « lumière », d'« entité spirituelle », d'un « au-delà vivant », n'était tout au plus qu'illusions morbides de mourants, terrorisés par l'approche de la mort et dont le cerveau affaibli compensait par une fantasmagorie douteuse cette terreur viscérale qui est inhérente à la nature humaine.

Mais pour la hiérarchie catholique, le problème était autrement plus important. Il s'agissait, en combattant cet ouvrage, de préserver les fidèles des « dangers » spirituels encourus par une fausse perception d'un « au-delà » qui serait le fourre-tout céleste, où pourraient se côtoyer dans une promiscuité impensable des athées, des mécréants, des tenants de religions différentes, qui goûteraient tous au même scénario paradisiaque – jusque-là sans doute réservé aux seuls catholiques – sous la bienveillante tolérance d'un « être de lumière » qui, en somme, accepterait tout le monde dans un sympathique pêle-mêle !

En reculant dans le temps, en 1956, pour être précis, l'affaire Bridey Murphy, (le best-seller de Morey Bernstein qui décrivait les expériences d'une jeune femme du Colorado qui, plongée en hypnose, avait revécu la vie d'une Irlandaise au XIXe siècle), avait elle aussi soulevé un tollé général.

Tout le petit monde hypersavant – les « psy », les religieux (catholiques et protestants), les journalistes, les critiques, les experts, les historiens, etc., – s'était rué sur la pauvre Ruth Simmons, alias Bridey Murphy par-delà les siècles, dans une cabale hystérique prenant les dimensions grotesques d'une véritable affaire d'État.

Dans son livre *Revivre nos vies antérieures* (éd. Albin Michel), Jean-Louis Siémons cite, à propos de Bridey Murphy, l'avis péremptoire d'un théologien réputé, le révérend Thomas J. Motherway, professeur de théologie dogmatique, paru dans le journal *The Tribune* de Chicago (5 janvier 1956) : « La théorie de la réincarnation des âmes a été condamnée par le décret du Saint-Siège en 1919. Elle est contraire à la doctrine catholique concernant l'éternité de la punition pour les pécheurs non repentis (sic)... Toutes les théories de la préexistence des âmes "répugnent" à la croyance catholique. L'âme est créée par Dieu au moment où elle est unie au corps, une âme individuelle pour chaque corps individuel. En second lieu, la réincarnation s'oppose à l'enseignement catholique sur la finalité de cette vie, considérée comme une probation préalable à une vie définitive et "inchangeable" de récompense ou de punition, qui commence immédiatement après la mort. »

Devant la dureté et la sclérose intellectuelle de cette déclaration, son manque de charité évident, son absence totale de compassion, la question : « Et si Jésus revenait » qui barrait en gros titre énorme la première page du journal *La Vie* à Noël 1989 ne manquait pas de sel !

Si Jésus revenait ? Eh bien, à n'en pas douter, il serait probablement consterné par le « déviationnisme » de son enseignement, tel que le pratique son propre clergé. Il pourrait à nouveau fustiger ce clergé de la même méprisante colère dont il avait apostrophé en son temps les pharisiens, orthodoxes de la foi juive : « Malheur à vous, scribes et pharisiens hypocrites, parce que vous fermez aux hommes le royaume des cieux, vous n'y entrez pas vous-mêmes, et vous n'y laissez pas entrer ceux qui veulent y entrer » (Matthieu, XXIII, 13) ; « Vous paraissez justes aux hommes, mais au-dedans vous êtes pleins d'hypocrisie et d'iniquité » (*id.*, XXIII, 28).

Certes, cette diatribe virulente du Christ, inscrite en toutes lettres dans les Évangiles, cadre mal avec l'image saint-sulpicienne d'un Jésus confit en douceur, un béni-oui-oui fade et sans saveur tel que le présente l'Église. On voit bien au contraire, dans cet épisode, que Jésus ne craignait pas de se livrer à une sainte colère devant le dogmatisme incurable de tout clergé constitué.

Toujours d'après Jean-Louis Siémons, voici encore l'opinion du père Pascal P. Parente, recteur de l'université catholique de Washington, qui dans une interview accordée au *Mirror News* de Los Angeles du 26 mars 1956, déclarait « hérétique » la doctrine de la réincarnation, « comme étant l'une des plus vieilles erreurs à la fois sur le plan de la religion et de la philosophie » ; et le digne prélat ajoutait qu'elle « servait bien Satan en rejetant spécifiquement l'existence du purtagoire »...

Personnellement, nous avons enregistré le témoignage d'une personne, Mercedes C..., de Toulouse, qui, demandant un jour à un prêtre ce qu'il fallait penser de la transmigration des âmes, s'était entendu répondre : « Il ne faut pas s'occuper de ça, l'Église le défend, c'est diabolique ! »

Preuve évidente est donnée par tout ce qui précède que la religion chrétienne se réfugie dans un sectarisme primaire qui dément totalement la vocation universelle dont elle se réclame par ailleurs.

Que fait-elle des pauvres humains qui ne connaissent pas le catholicisme ? et de tous ceux, très nombreux sur la planète, qui pratiquent une autre religion ? ou encore de ces peuplades sauvages que sa « vérité » n'a pas touchées ? Où vont-ils, une fois morts ? Sans doute, ils tombent dans l'enfer éternel... et tant pis pour eux !

Pourtant, la sainteté, le mysticisme ne sont pas l'apanage exclusif de la religion catholique.

Les saints ermites de l'Himalaya, ces Tibétains qui s'abîment dans la contemplation et la méditation, comme le décrit si bien Alexandra David-Neel, en passant par les mystiques soufis, les derviches tourneurs de l'islam, ces « fous de Dieu » – dont le plus vénéré, Al Hallaj, mort en 922, fut martyrisé et mis en croix par les théologiens légalistes de la foi musulmane –, les yogis de l'hindouisme, qui recherchent dans un ascétisme rigoureux la délivrance suprême et l'identité avec Brahma, Dieu, tous convergent, au travers de leurs religions respectives, vers une quête spirituelle authentique, sans prosélytisme tapageur et, pour la plupart d'entre eux, dans l'humilité de la véritable sainteté, qui admet la validité des autres voies de salut qui amèneront le retour de l'être humain à son unité originelle.

Un psychiatre prudent

Cependant, malgré les deux forces d'opposition majeures que constituent la science et la religion – pour un court moment réunies dans un combat commun contre la réincarnation –, il arrive parfois que l'hypothèse de la pluralité des existences trouve des défenseurs de poids.

C'est le cas du docteur Ian Stevenson, professeur de psychiatrie à l'université de Virginie, qui depuis plus de vingt ans recueille des témoignages sur ce qu'il appelle, avec une prudence éminemment scientifique, mais ouverte, « des cas suggérant la réincarnation ». Il se réfère surtout aux récits spontanés des petits enfants (quatre ou cinq ans) qui, à l'inverse des adultes, ne risquent pas de verser dans l'affabulation pure et simple, innocence oblige !

Il remet en cause toutes les théories de la personnalité qui ont cours en psychiatrie, puisque cette science prétend expliquer l'être humain sur la seule base de son acquis génétique et de l'influence prépondérante du milieu culturel et familial. C'est ainsi qu'il a pu constater, au fil de ses recherches, que certains enfants, sans qu'il soit possible d'incriminer l'imagination infantile, ont dès leur plus jeune âge des comportements singuliers, des phobies irrépressibles, qui ne peuvent en aucun cas découler d'expériences traumatisantes survenues depuis la naissance : par exemple, la peur de l'eau, du feu, des avions, des armes (couteau, poignard), des animaux (fauves, serpents, insectes).

Souvent, et sans que l'on sache pourquoi, ces enfants manifestent un rejet et un dégoût pour des nourritures spécifiques, des répulsions instinctives à certains lieux ou à la vue de personnes connues ou inconnues.

Nous citerons encore, possible explication de l'homosexualité, le refus de son propre sexe, soutenu par des affirmations irréductibles au raisonnement. « Avant, j'étais un garçon », déclare une fillette qui refuse obstinément les vêtements féminins, ou bien, inversement, un garçon réclame des robes et des colifichets, à la consternation de ses parents qui ne voient là que perversité précoce.

On peut constater aussi chez ces jeunes enfants des aptitudes innées et incompréhensibles pour leur milieu familial, qui pense avoir couvé un canard, tant ces manifestations ou ces dons originaux lui paraissent incongrus.

Ces enfants décrivent parfois des lieux que l'on croit imaginaires, mais qui sont pour eux bien réels, quelquefois avec un luxe de détails impensable, détails qui s'avèrent exacts après enquête. Ils parlent des bribes de langues étrangères, demandent à retourner dans leur ancienne famille, au grand scandale de l'actuelle qui ne comprend pas ou prend cela pour un jeu.

Devant cet état de fait, la grande majorité des parents pratique l'indifférence la plus totale, soit, au contraire, n'a de cesse d'imposer silence à l'enfant, plus gênée que conquise par ces récits rocambolesques.

Pourtant, bien plus que celle des adultes souvent sujette à caution, cette écoute des enfants pourrait nous apprendre bien des choses...

Des dons innés...

Ainsi, dans la fraîcheur de mémoire d'une vie qu'il vient de quitter – encore qu'il soit impossible de déterminer avec certitude le laps de temps qui s'écoule entre deux incarnations –, on peut comprendre que l'enfant qui arrive sur terre, non encore perturbé par le conditionnement et les impératifs d'une société dans laquelle il n'est pas encore tout à fait intégré, cet enfant peut revivre très naturellement tout ou partie d'une existence antérieure, aussi réelle pour lui que la présente, qui souvent l'intéresse moins, avec quelquefois de graves difficultés d'adaptation à cause de la superposition de deux ou plusieurs personnalités.

Ian Stevenson cite le cas d'un tout jeune garçon de Sri Lanka « qui réclamait avec insistance de l'alcool et du tabac. Il se remémora la vie d'un homme qui fumait et buvait beaucoup et fut tué par un camion, alors qu'il se trouvait en état d'ivresse. L'enfant éprouvait d'ailleurs une grande peur à la vue des camions ».

Parmi les cas suggérant la réincarnation, Ian Stevenson mentionne aussi les « marques de naissance », non pas celles très ordinaires, comme les grains de beauté, taches de vin, nœvi, etc., mais plutôt des signes physiques tels que cicatrices, trace visible d'une blessure, balafre, coup de lance, mains ou pieds dont les doigts paraissent sectionnés, malformation d'un membre, qui ne peuvent s'expliquer par le seul apport génétique.

Comme le souligne Ian Stevenson, « si l'hérédité seule était en cause, nous aurions affaire à un caractère acquis transmis héréditairement, ce que tous les généticiens considèrent comme improbable et même, pour la plupart d'entre eux, impossible ».

Il en va de même pour les aptitudes non apprises : don précoce pour le dessin, la musique (s'exprimant par le génie dans le cas de Mozart composant à quatre ans), la danse innée, la mécanique, le génie des mathématiques, etc. – toutes disciplines qui ne peuvent résulter ni de l'intuition ni de l'inspiration, étant donné l'absence d'apprentissage quand il s'agit d'un enfant de trois ou quatre ans.

On parle alors d'« enfants surdoués » sans que le mystère en soit levé pour autant. Qui plus est, dans ce cas de figure, on se heurte très visiblement à un élitisme assez frustrant.

Pourquoi ces enfants privilégiés bénéficient-ils de ces dons extraordinaires, quand d'autres moins favorisés ne sont que moyens, passables ou affligés par le sort d'une imbécillité incurable ? Hélas ! personne, pas plus les généticiens que les psychiatres, ne peut répondre de façon satisfaisante à ces questions cruciales, sauf la religion catholique qui ne se prive pas d'arguer du sempiternel « c'est la volonté de Dieu »...

« Notre père qui êtes aux cieux » pratiquerait-il l'arbitraire ?

Le « prix » exorbitant des vies antérieures !

Bien loin de la spontanéité des enfants, de leur ingénuité sans malice, les récits d'adultes restent difficiles à analyser.

Il convient de procéder alors à des enquêtes minutieuses, à des vérifications serrées pour éliminer au maximum la part de culture, les impressions de l'enfance qui reviennent à la surface et que l'on croyait oubliées, la mémorisation latente de sujets ou de scènes qui, à la faveur d'un événement banal, peuvent jaillir abruptement un jour ou l'autre dans une décharge subite de l'inconscient, enfin tout ce qui peut faire croire à une vie antérieure qui viendrait affleurer à la vie présente.

Et quand ces mêmes adultes se voient dans le « rôle » avantageux d'une personnalité historique, on peut penser qu'ils essayent de compenser une existence frustrante par l'idée plus valorisante d'avoir été « quelqu'un » dans une autre vie : prêtre égyptien, prince de la Renaissance, compagnon de Du Guesclin ou de Jeanne d'Arc, etc., alors même qu'il est plus probable que les véritables vies antérieures, non romancées, feraient plutôt apparaître des conditions sociales bien terre à terre : simple soldat, vagabond, ouvrier, prostituée, etc., vies plates ou sordides, auxquelles évidemment on a du mal à se confronter.

Cependant, si certains cas relèvent de l'« invention » pure et simple, affabulation inconsciente, désir théâtral d'épater la galerie, problèmes psychologiques débordant l'individu, il est certain que d'autres cas, plus sérieux, peuvent révéler effectivement de véritables souvenirs « antérieurs », dont la précision et la vérité historique sont quelquefois vérifiables, et, qui plus est, contribuent, par leur révélations au grand jour, à la guérison de troubles psychiques, de névroses chroniques que la médecine est souvent impuissante à guérir.

Dans son livre *Mourir n'est pas mourir* (éd. Robert Laffont), Isola Pisani fait état des travaux du psychanalyste anglais Denys Kelsey, qui, aidé de sa femme Joan Grant, médium, pratique sous hypnose la régression de vie.

Par cette méthode scientifique et médicale, le sujet « revit » émotionnellement et littéralement un épisode, un événement précis d'un passé traumatisant enfoui au fond de la psyché et responsable de ses troubles psychosomatiques ou psychiques dans sa vie présente.

Ce « revécu » constitue une véritable thérapie. Le sujet voit, entend, comprend, ressent le poids d'un passé parasitant son présent, soit psychiquement soit physiquement : douleur diffuse sans atteinte organique, frigidité, impuissance, phobies, maux de tête inexplicables, insomnies rebelles, anorexie ou accès de boulimie, qu'aucun traitement médical n'a pu atténuer ou bien guérir, et qui disparaissent lorsque le sujet prend conscience de ce passé paralysant.

Il faut bien l'avouer cependant : dans ce domaine si irrationnel des « lectures de vie », dont la mode fait fureur, combien y a-t-il de praticiens honnêtes capables d'effectuer cette recherche avec toute la prudence et la probité intellectuelle que nécessitent ces investigations très particulières ?

Peu, très peu, au regard de tous les charlatans qui exploitent de prétendus dons médiumniques susceptibles de vous débiter allègrement de trente à quarante vies antérieures au quart d'heure !

Car le « prix » des vies antérieures donne lieu à un commerce fort lucratif.

Les publicités regorgent de voyants, extralucides, professeurs (?), médiums, gourous, qui se flattent de lire dans le passé de n'importe qui à livre ouvert, moyennant des sommes parfois exorbitantes, qui spéculent sans vergogne sur la crédulité, la naïveté, la vanité et l'ignorance de personnes mal dans leur peau, névrosées ou bien férues d'un occultisme de bazar qu'elles prennent pour de la spiritualité.

Dans les coulisses du passé

Sans vouloir remonter aussi loin que Pythagore, qui se souvenait avoir été un coq dans une lointaine vie, ce qui peut prêter à sourire, on peut essayer de découvrir en soi le vrai visage de son être profond, connaître sa propre réalité en jetant un coup d'œil dans les coulisses du passé, soit pour prendre conscience de ses frustrations et inadaptations à la vie sociale ou affective, de ses problèmes psychologiques perturbants, dépressions et angoisses chroniques, soit pour effectuer une recherche spirituelle authentique, déchiffrer le but exact de la vie présente afin de s'y conformer en toute honnêteté, ce qui suppose une bonne dose de courage et de volonté, car on peut alors se trouver confronté à des exigences assez dures à vivre : acceptation sereine des épreuves de la vie, désir intense de se réformer en profondeur, discipline spirituelle librement consentie (pas toujours facile, le « vieil homme » ayant tendance à remonter à la surface) ; bref, il s'agit de passer volontairement par la « porte étroite » de la conscience du passé, d'où jaillissent les émotions, les répulsions, autant de monstres qu'il faut savoir affronter en toute lucidité. C'est assez dire que la prospection du passé lointain, n'étant pas une occupation frivole, ne devrait jamais être mue par la simple curiosité, ce qui est le plus souvent le cas.

Tant de personnes s'imaginent, en pratiquant ce nouveau sport, qu'elles vont déboucher sur le « rôle » superbe qu'elles auront joué sur la scène du grand théâtre universel, sans se douter que ces incursions dans les sables mouvants du passé peuvent les mettre face à face avec un « personnage » douteux, choquant, plein de haine et de violence, criminel, voleur ou victime d'atrocités, pauvre hère misérable bien éloigné de l'être idyllique qu'elles s'imaginaient retrouver.

Malheureusement, la plupart des personnes qui « jouent » aux vies antérieures sont mal préparées à ces confrontations brutales, à ces itinéraires bizarres, à ces actes délictueux qui jaillissent des abysses du passé sous un jour si cru qu'il ne peut qu'en résulter un traumatisme psychologique plus néfaste que l'ignorance dans laquelle elles vivaient.

Si les motivations de cette recherche ne sont pas susceptibles d'améliorer la vie de tous les jours, si elles n'ont pas leur source dans un désir profond de libération, si elles ne visent pas à la transformation spirituelle de soi-même, la connaissance du passé ne se justifie pas et peut être qualifiée de malsaine eu égard au gaspillage de temps et d'énergie qu'elle suppose.

Pourtant, bien conduite, cette analyse de l'ancien vécu qui nous habite peut aider efficacement à vivre l'« ici et maintenant » dans lequel nous sommes plongés. Ce peut être la clé qui permettra non seulement de comprendre des lois de la vie, mais aussi de les accepter. Au lieu de marcher dans l'existence en aveugles tâtonnants, nous pourrons avancer les yeux grands ouverts sur notre propre chemin, conscients de nos défaillances, mais soutenus par nos efforts positifs, selon une progression, certes à long terme – mais le temps ne nous est pas compté !

Une esplanade inondée de soleil...

On peut chercher volontairement à retrouver ces vies passées pour des motifs personnels, mais il arrive aussi quelquefois que ce passé vous tombe dessus sans crier gare, et surtout sans qu'on l'ait le moins du monde appelé ou sollicité.

Georges-Alphonse V..., la quarantaine paisible, travaille à Air France. Il est catholique non pratiquant. D'un tempérament plutôt sceptique, il ne se préoccupe guère de choses spirituelles.

Un soir, il rentre de son travail, ni plus ni moins stressé que d'habitude. Il n'a pas de problèmes particuliers et on peut même dire qu'il est bien dans sa peau. Il retrouve sa famille, bavarde de tout et de rien pendant le repas, puis, l'heure venant, il va se coucher. Il ne s'endort pas tout de suite et rêvasse vaguement aux péripéties sans relief de sa journée.

Bientôt, il commence à éprouver la légère décontraction et le flottement caractéristique qui préludent au sommeil. Il se laisse aller, quand tout à coup, sans transition, il se retrouve sur une sorte d'esplanade inondée de soleil. Un vent léger et très agréable lui effleure le visage. Il ressent sur tout son corps légèrement vêtu la chaleur du soleil, la chaleur douce d'un matin tout neuf. Il se sent extraordinairement vivant. Autour de lui, des soldats égyptiens (?) vont et viennent et il marche avec eux. Il parle et répond dans une langue étrangère et, détail curieux, il comprend ce qu'il dit. Il se sent chez lui…

Arrivé à ce stade, subitement, malgré la chaleur du soleil qui le pénètre, malgré la solidité du sol sur lequel il marche, il prend conscience qu'il ne devrait pas être là. Il sait qu'il est toujours Georges-Alphonse V…, mais il est aussi cet inconnu qui parle par sa voix, présente le même visage et qui éprouve les sensations puissantes de la vie, le jeu de ses muscles, le sang qui coule dans ses veines…

Un vent de panique s'empare de lui. Un flot de questions se bousculent dans son esprit. Où est-il ? Que fait-il dans cet endroit ? Qui est-il ? Comment est-il arrivé là ? et, angoisse plus terrible que tout, comment repartir ?

Aussitôt formulée cette dernière question, il se sent happé par un tourbillon et… se retrouve dans son lit. Tremblant, couvert de sueur, il entend les battements précipités de son cœur et une sensation de nausée lui monte à la gorge. Reprenant son sang-froid tant bien que mal, il tente d'analyser ce qu'il vient de vivre. Car, véritablement, il vivait ! dans un autre temps, un autre lieu... Petit à petit, le calme lui revient. Il constate avec étonnement que ce phénomène incompréhensible, loin d'être désagréable, était même après coup, plutôt excitant. Il se sentait tellement en harmonie avec ce moment de vie si intense. Il était formidablement « lui » tout en étant passagèrement un autre, et les deux étaient l'avers et le revers de la même réalité.

Peut-on affirmer qu'il s'agit là de l'émergence d'une vie antérieure ? Qui ou quoi a déclenché ce voyage dans l'espace-temps ? Georges-Alphonse V... ne le saura jamais. L'expérience ne s'est jamais renouvelée. La seule corrélation susceptible de fournir un embryon d'explication est le fait qu'étant enfant il était fasciné par l'Égypte ; sa mère l'emmenait très souvent au musée du Louvre voir les antiquités égyptiennes. Ceci explique-t-il cela ?

Marie B... n'a jamais été à l'étranger. Une nuit, elle rêve d'un pays qu'elle ne connaît pas. Elle voit un superbe décor de colonnades, de fontaines jaillissantes, des jardins magnifiques pleins de fleurs exubérantes. Elle n'attache pas d'importance spéciale à ce rêve, excepté qu'il était agréable, d'autant plus qu'il était en couleurs !

Quelques années plus tard, elle fait un voyage organisé dans le sud de l'Espagne avec des amis. Grande alors est sa stupéfaction quand elle visite l'Alhambra de Grenade de retrouver, point par point et détail par détail, les éléments de son rêve avec en plus un indéfinissable sentiment de faire partie du lieu, d'y avoir vécu. Ces jardins, ces colonnes, ces fontaines lui sont familières ; comment cela peut-il s'expliquer ? Vie antérieure ou prémonition ? Rien depuis n'est venu étayer, encore moins prouver, l'une ou l'autre hypothèse.

Ces deux témoignages, aussi troublants qu'ils soient, ne peuvent être *a priori* interprétés dans le sens de vies antérieures. Il manque une enquête approfondie, la vérification des éléments susceptibles de confirmer ou d'infirmer qu'il y ait eu là retour effectif du passé, et, du reste, aucun des deux témoins n'a jamais essayé d'en savoir plus. Cet épisode irrationnel ne leur a été d'aucune utilité, ils n'en ont retiré qu'un vague étonnement sur lequel ils ne se sont pas appesantis. C'est un peu dommage...

L'hypnose n'est pas sans danger

Ces phénomènes, malgré la précision de témoignages sincères tels que ceux que nous venons de présenter, n'ont naturellement aucune valeur probante pour autrui. Les irréductibles parleront d'illusion, de souvenirs flous, d'imagination débordante, ce qui ne résout absolument pas le problème. Pour le résoudre, peut-être convient-il de plonger délibérément dans le passé.

Quelle est la meilleure méthode pour accéder à la « régression antérieure » ? Différentes techniques peuvent être proposées et utilisées. Chaque thérapeute – parmi les vrais, les authentiques – a la sienne. Une des toutes premières, redécouverte et expérimentée par le colonel de Rochas au début du XXe siècle, l'hypnose, même si elle détient à son actif des résultats spectaculaires, n'est pas sans danger. Pratiquée par quelqu'un d'inexpérimenté, ou encore comme un jeu, l'hypnose peut provoquer, par l'intensité du « revécu » émotionnel, des traumatismes graves. Devront s'en abstenir les personnes nerveuses, émotives, instables, qui pourraient tomber dans l'obsession ou même l'aliénation. Seul un praticien qualifié ou un psychologue averti peut se charger de la délicate mission d'accompagnement dans un passé qui peut révéler et réveiller des épisodes dramatiques, violents, aux yeux d'un patient qui ne sait pas du tout, si l'on peut s'exprimer ainsi, où il met les pieds.

Autre technique : la sophrologie, qui étudie tous les états de conscience, pratiquée par des médecins ou des psychothérapeutes qui s'intéressent à la réincarnation. Dans cette technique, le sujet est toujours conscient, il reste entre la veille et le sommeil ; mais le praticien, par des moyens doux et appropriés, peut le conduire de palier en palier jusqu'à la transe profonde où il retrouvera une vie antérieure dont les détails, une fois enregistrés, seront ultérieurement susceptibles de vérifications. Encore que celles-ci se révèlent parfois décevantes, et toujours difficiles, surtout si la personne a eu une existence dont la grisaille n'apporte aucun relief saisissant.

De plus, tant dans l'hypnose que dans la sophrologie, le sujet peut, sans que le thérapeute s'en aperçoive, réactiver des « souvenirs » qui lui viendraient d'un film, d'un roman qui l'auraient particulièrement captivé, de conversations entendues, et ainsi parler des langues étrangères (phénomène de glossolalie) ; tous ces « exploits » souvent spectaculaires ne prouvent absolument pas que l'on est remonté à une vie antérieure. Là gît la difficulté. La vérification de ces informations, assez ardue, ne débouche pas toujours sur la certitude ; on circule dans un *no man's land* de probabilité, même quand les récits sont minutieusement contrôlés.

Cependant, un bon médium – il en existe, à ne pas confondre avec les extralucides dont la vénalité abusive fait parfois la une des journaux –, un médium honnête, sincère, comme pouvait l'être Edgar Cayce, extraordinaire médium américain qui effectua des milliers de « lectures de vie », reste encore un bon moyen pour pouvoir visiter son passé.

Malheureusement, à notre époque férue de régression, les bons médiums ne courent pas les rues, et surtout ils ne s'inscrivent pas sur les placards publicitaires. Le bouche-à-oreille leur suffit. Voici quelques critères pour les tester : en premier lieu, un bon médium ne vous offre pas la personnalité époustouflante qui flattera votre ego. Il ne vous pose pas de questions qui pourraient l'aiguiller sur la piste qu'inconsciemment peut-être vous désirez emprunter. Il ne joue pas au « gourou » tout-puissant drapé dans une science ésotérique dont il aurait reçu l'initiation par des maîtres, himalayens bien entendu ! De plus, il est bon de savoir qu'un médium, aussi remarquable soit-il, n'est jamais exact dans ses visions à cent pour cent. Comme tout être humain, il est faillible. Il peut commettre des erreurs, sa perception extrasensorielle reste elle aussi sujette à des fluctuations, un médium n'est pas un robot, ce n'est pas un « presse-bouton » distribuant les cartes perforées de l'avenir ou du passé comme les machines à sous qui délivrent des bonbons.

Quand on sait tout cela, on émet des réserves et on évite de gober n'importe quoi. Le « n'importe quoi » ne fait pas avancer l'idée de réincarnation ; bien au contraire, il donne du poids et de la force à ses adversaires, qui ont alors beau jeu de rire de toutes ces balivernes ; on peut les comprendre.

De la crédulité à la guérison

On ne peut passer sous silence le fait qu'il y ait à l'heure actuelle une exploitation éhontée de la « thérapie des vies antérieures ». Naturellement, cette mode qui fait fureur nous vient d'Amérique et déferle, telle une drogue psychique, sur notre sceptique vieille Europe, qui risque alors de basculer dans la crédulité la plus naïve, à la faveur de l'exaltation suscitée par le regain d'intérêt envers la croyance réincarnationniste, dont des « thérapeutes » peu scrupuleux usent et abusent.

Cependant, si la pratique médicale d'exploration des vies antérieures, bien conduite, peut effectivement amener des guérisons tant physiques que psychiques, ce qui n'est déjà pas si mal, on peut aller plus loin encore ; c'est en fait un extraordinaire renouvellement des valeurs essentielles qu'apporte la réincarnation :

– tout d'abord, un élargissement de la nature humaine dans sa réalité spirituelle, dont on se préoccupe fort peu ; le sens de la vie, avec cette interrogation inévitable : pourquoi vivons-nous ?
– des rapports plus humains, plus riches, dans des milieux aussi divers que la famille, la vie professionnelle, la politique, la religion, le social, domaines où l'homme est trop souvent appelé à vivre dans l'incompréhension, la lutte, la violence, les conflits, la cruauté, l'indifférence ;
– une approche différente des comportements psychologiques déroutants : homosexualité, possession, personnalités multiples, folie et aberrations mentales ;
– une explication plus logique, sinon admissible, des inégalités sociales qui déchaînent la haine, la jalousie, la peur, ces ondes psychiques qui engendrent une négativité qui sature la terre ;
– une philosophie, plutôt qu'une religion, qui rendrait l'être humain plus sage, plus conscient des rapports étroits du corps et de l'esprit, lui conférant un nouveau type de comportement par un autre mode de connaissance, une intériorité qui illuminerait son intelligence et l'aiderait à comprendre et à dépasser la dualité de sa propre nature.

Des objections...

Les adversaires de la réincarnation, quand ils en connaissent superficiellement la théorie ou même quand ils ne la connaissent pas du tout, qualifient celle-ci de grossière superstition. Pour eux, toutes ces histoires de « retours » dans un autre corps, de vies successives qui s'étendent sur des siècles et des siècles à perte d'éternité, ne peuvent être le fait que de pauvres êtres naïfs, à la limite de débiles mentaux.

Nourris de matérialisme, satisfaits de ne croire qu'« à ce qu'ils voient et peuvent toucher », ils préfèrent considérer toutes ces extrapolations métaphysiques – l'âme, l'esprit, la survivance dans l'au-delà – avec un mépris amusé, ce qui leur permet de les rejeter comme on rejette les histoires enfantines indignes d'adultes responsables.

Ces rationalistes ne s'interrogent guère sur les motivations secrètes qui président à ce rejet. Pour certains, il y a l'inconfort intellectuel de débattre de questions insolubles qui ne peuvent qu'entraver, pensent-ils, la jouissance de la vie. Leur « je verrai bien quand je serai mort » est souvent la pirouette qui sert à éviter un approfondissement gênant. Pour d'autres, c'est la peur de la vie qui cache l'ultime terreur qui les habite en permanence : la mort où tout finit.

La beauté de la réincarnation, c'est l'espérance dont elle est porteuse, le fait de pouvoir retrouver ceux qu'on a aimés, renouer un lien d'amour dans la continuité et la fusion de deux âmes, poursuivre un idéal, développer un don, un talent, réparer des injustices, effacer des remords, apprendre, enseigner, participer de la grandeur de l'univers dans son éternité, suivant la promesse biblique : « J'avais dit : Vous êtes des dieux. Vous êtes tous fils du Très-Haut » (Psaume 82, 6).

Chapitre VIII

Les multiples sens de la Bible

> *« Il dit alors : Va et dis à ce peuple : vous entendrez et vous ne comprendrez point, vous verrez et vous ne saisirez point »*
>
> (Ésaïe, VI, 9)

Certains de nos lecteurs, qui croient la connaître, ceux aussi qui ne l'ont jamais ouverte, ne manqueront pas de s'étonner de la prépondérance que nous accordons à la Bible, le Livre des livres. Pourtant, sa diffusion universelle, sa traduction en mille huit cent vingt-neuf langues ou dialectes, son omniprésence dans la culture, la civilisation, l'histoire, la linguistique, la philosophie, etc., donnent à penser que la Bible est un livre peu ordinaire dont le mystère n'a jamais été éclairci.

Cependant, face aux progrès vertigineux de la science, on pourrait légitimement se demander en quoi la Bible peut nous être encore utile aujourd'hui, tant l'archaïsme de sa révélation nous semble dépassé.

Il est évident que le chrétien sincère, le catholique convaincu qui s'offusque de cette loi de réincarnation, peu orthodoxe à ses yeux, qui objecte souvent qu'elle est tout juste bonne pour des « païens », puisqu'elle est enseignée en Inde, pays qui n'a pas bénéficié de la prédication du Christ, ce chrétien n'a pas su ou pu opérer le déchiffrement de certains textes de l'Ancien et du Nouveau Testament, parce que ceux-ci ont été volontairement obscurcis et voilés à dessein.

Une relecture intelligente de la Bible s'impose donc comme une impérieuse nécessité. Elle peut être la « nourriture » spirituelle de notre époque devenue si matérialiste, si désenchantée, les silences de l'Église aidant, que des milliers de fidèles déboussolés cherchent dans les sectes ou les cercles charismatiques le renouveau d'un autre système religieux, parce que le verrou de certitudes du catholicisme a sauté avec Vatican II.

Celui-ci a remis en question la crédibilité de l'Église dans le monde moderne par ses réformes insignifiantes, cependant qu'il laissait de côté la seule réforme vraiment importante et utile, cette ouverture à l'hypothèse réincarnationniste que l'Église s'est acharnée à détruire tout au long des siècles, gardant pour elle les clés d'une doctrine secrète et libératoire.

Un message crypté

C'est donc cette forme voilée que nous allons découvrir dans la Bible en décodant son message crypté, et nous ne serons pas au bout de nos surprises : « Que celui qui a des oreilles pour entendre, entende » (Luc, VIII, 7).

Cette parole du Christ, qui se répète tout au long des Évangiles, ressemble fort à la « posologie » d'un remède impératif qui assurerait notre guérison ; c'est-à-dire que cette parole fait appel à l'intelligence et à la disponibilité de chacun, car il est bien connu qu'il n'y a pire sourd que celui qui ne veut pas entendre ! C'est ainsi que notre cartésianisme a tôt fait de conclure abruptement à l'inexistence des choses qu'il ne comprend pas.

Il est sûr que dans ce livre unique, base des trois grandes religions monothéistes, juive, chrétienne, islamique, le langage recourt à un camouflage d'allégories et de paraboles qui constituent les « vêtements » de vérités occultes qui gisent là, dans leur langue, comme autant de pépites qu'un orpailleur sincère et courageux se doit de trouver par son propre mérite.

De plus, et pour compliquer un peu les choses, l'Écriture, dans l'alphabet de vingt-deux lettres qui la compose, comporte des valeurs numériques et cosmiques attribuées aux lettres initiales, médiales et finales, lesquelles lettres forment des idéogrammes, des « signes » qui expriment une idée, un archétype, d'où il résulte que tous les textes ont été écrits sous une forme symbolique, codée, nécessitant l'adjonction d'une « grille » pour en restituer fidèlement le message. Le *Zohar*, le *Livre de la splendeur*, ouvrage mystique de la religion judaïque, nous en avertit : « Le sens littéral de l'Écriture, c'est l'enveloppe, malheur à celui qui prend l'enveloppe pour l'Écriture même. »

Bereschith ! « Au commencement... »

À y regarder de plus près, le livre de la Genèse, dans ses trois premiers chapitres, nous présente une cosmogonie – un commencement du monde – qui relate l'histoire de la création et de l'origine de l'homme, mais aussi celle d'autres mondes possibles, des mondes imperceptibles à nos sens, poursuivant sans doute leur évolution parallèle dans le contexte des lois qui régissent l'univers : « Il y a plusieurs demeures dans la Maison de mon père. » Cette parole du Christ rend compte de la réalité de ces univers spirituels fonctionnant sur un nombre infini de dimensions, des univers où vivent des « êtres multidimensionnels » qui passent au travers de ce que nous appelons matière, sans la percevoir, tout comme passent à travers nous les innombrables informations électromagnétiques, cosmiques et autres (?) qui nous entourent invisiblement.

Mais il est probable que le livre de la Genèse, dans sa brièveté tout autant que dans son style concis et ambigu, soit aussi un document technologique hautement scientifique, qui définit en quelques équations le passage du *Un* – Dieu non manifesté – au *Deux* – la manifestation.

Dieu ou l'Énergie primordiale, c'est le principe premier, qui n'est pas perceptible. *Il* est l'expression parfaite de l'Énergie positive qui utilise la Substance cosmique, pôle négatif de l'Esprit universel (le + et le –), en sorte que de l'action de l'une sur l'autre résultent toutes les formes imaginables qui nous sont connues, et même les inimaginables, tout ce que nous voyons dans le monde physique, tout ce qui vit, le visible et l'invisible, l'espèce humaine y compris.

C'est le Ciel épousant Gaïa, la Terre d'où sortira la Vie… En somme, la formule algébrique de la création !

Il n'en demeure pas moins évident que la Bible dans ses différents modes d'expression littéraire – historique, philosophique, sociologique, législatif, chronologique, poétique, numérique, proverbial, etc. – reste en général passablement confuse à nos yeux, dans la mesure où nous n'en connaissons pas les soubassements originels, que les trop nombreuses traductions ont sérieusement mutilés et obscurcis.

Néanmoins, telle qu'elle se présente actuellement, il ne fait aucun doute que sa « lecture » dégage différents niveaux d'interprétation et que c'est forcément la confusion de ces niveaux qui, en oblitérant le sens religieux, mystique, initiatique ou bien scientifique, amène ses détracteurs à la réduire à de vulgaires fables enfantines, tout juste bonnes pour le catéchisme – encore que celui-ci, nouvelle bible de la théologie catholique, soit définitivement tombé dans les oubliettes de la « révolution culturelle » de Vatican II.

Énigmes et allégories

À un premier niveau, c'est évidemment le sens littéral de la Bible qui saute aux yeux. Sens primaire et inférieur, trop naïf certes pour la raison raisonnante, trop facilement critiquable aussi dans l'exposé des miracles de tous ordres qui parsèment les deux Testaments (tels ceux de Josué arrêtant le soleil sur une simple injonction, de Moïse écartant les flots de la mer comme on écarte une draperie, de Lazare sortant du tombeau emmailloté comme une momie, etc.), miracles, donc, que l'on ne peut qu'assimiler à des histoires merveilleuses, du genre des contes de fées, bien que l'envolée du style, la poésie, le lyrisme qui s'en dégagent aient tout de même charmé plus d'un athée féru de belles-lettres. Déjà, à un deuxième niveau, nous pouvons entrevoir l'incompréhensible technologie qui connaît et utilise les lois de l'univers dans une application rigoureuse qui ne laisse rien au hasard – ordonnancement du chaos, création de la lumière, séparation des eaux, apparition du sec... Nous n'en butons pas moins sur une sorte de « chasse gardée » de secrets à ne pas mettre entre toutes les mains.

On peut s'en rendre compte, dès le début du récit, aux « interdits » et « menaces » qui pèsent sur l'arbre de la Connaissance du bien et du mal, et sur l'encore plus énigmatique arbre de Vie.

Il est fort probable que ces avertissements assortis de sanctions (la mort) sont conçus pour dissuader la « créature » irresponsable et encore sans intelligence (?) de « mettre ses doigts dans la prise électrique », défense agrémentée de promesse de fessées, à l'usage de nos chères têtes blondes, que nous pratiquons tous les jours en parents responsables, afin de décourager leur curiosité parfois dangereuse !

Autre énigme pas très rassurante : l'ange terrible, armé d'une « épée étincelante », CRS divin chargé de défendre l'accès d'un jardin – lieu mythique ou concret ? – dans lequel un pauvre humain et sa compagne, grelottants de terreur, aussi nus et désarmés que l'enfant qui vient de naître, ont chapardé des pommes ! ou des pêches ? ce qui permet un solide calembour !

À ce stade, on nage déjà dans le brouillard le plus complet. Cependant, il y a pire. Car l'énigme centrale qui nous intéresse au premier chef, parce qu'elle est la source de tous nos maux, c'est bien cette mystérieuse « opération côte d'Adam » d'où jaillira la clé de voûte de la création, Ève, protagoniste égarée dans une copulation illicite avec un « serpent » suborneur, fornication cosmique qui met l'espèce humaine face à face avec le fameux « péché ».

Qui est le « serpent » ? Un ange ? un sous-Dieu ? un animal ? Mystère non résolu !

Le très lourd silence de la Bible sur l'insertion insolite de cet intermède scabreux, expédié en quelques lignes, a doté Ève d'un double visage : prostituée cosmique entraînant l'humanité dans la « chute », elle sera aussi la Vierge triomphante qui enfante l'humanité nouvelle, régénérée par l'évolution.

Mais, tel qu'il est décrit dans la Genèse, le curieux processus chirurgical qu'est la naissance d'Ève ressemble visiblement à une manipulation génétique d'une virtuosité si incompréhensible que tout le monde se perd en conjectures sur ce « savoir-faire » sacré.

Néanmoins, on peut risquer un rapprochement entre les réalisations de ces sept jours mythiques et l'activité fiévreuse de nos généticiens d'avant-garde qui, faisant fi d'une éthique qui reste à définir, découpent à qui mieux mieux des cellules humaines comme de vulgaires tranches de saucisson, taillent allègrement l'ADN, notre ruban programmateur, pratiquent à la chaîne la fécondation *in vitro* – procédé décrété totalement illicite par la Congrégation pour la doctrine de la foi, même entre époux légitimes –, mettent les embryons surnuméraires au congélateur, rêvent de « cloner » l'espèce humaine, etc.

Seraient-ils sur le point de découvrir le mystère de cette génétique divine que nous relate la Bible à mots couverts ? Leur but avoué : réécrire le grand livre de l'homme, trouver l'essence de la Vie, la fabriquer peut-être ?

Vaste ambition !

Enfin, et pour faire bonne mesure dans la série des énigmes scientifiques contenues dans la Bible, nous ajouterons le poids écrasant de ce décret divin, ordonnant la destruction radicale des deux villes perverties (?), Sodome et Gomorrhe, englouties par un « étrange feu du ciel », véritable Hiroshima avant la lettre, alors que les peuples de la Terre en étaient toujours à l'arc et aux flèches !

Voilà donc un tas d'historiettes qui ne ressemblent guère à des fables enfantines à raconter au coin du feu…

On les enseigne pourtant depuis deux mille ans sans en enlever une virgule et plus le temps passe, plus elles semblent absurdes et obsolètes dans le contexte de notre civilisation, hautement technologique elle aussi : qui marche sur la Lune, envoie des sondes spatiales dans tous les azimuts, projette la récupération totale de l'énergie de notre bon vieux Soleil, envisage dans un avenir proche un possible aménagement de planètes, suppute la colonisation de l'espace comme s'il lui appartenait ; bref, qui entend renouveler les exploits de la Genèse pour son propre compte, tentatives modernes de l'escalade d'une nouvelle tour de Babel.

Nous voici arrivés au troisième niveau de lecture : nous débouchons là sur le mystère du langage sacré, de la Parole, du Verbe, créateur de la structure métaphysique de l'univers, domaine du spirituel, haute spéculation de la pensée qui rejoint par la prière – véritable acte magique unissant Dieu, l'homme et l'univers – ce monde divin où règne la Loi unique d'harmonie, celle qui contient les principes, les causes, les effets, la vie éternelle de l'Infini, l'*Un*.

Ce que Platon, dans un raccourci saisissant, définit comme l'« image mobile de l'éternité immobile » (*Timée*). C'est l'alpha et l'oméga de Teilhard de Chardin, qui tenta lui aussi de conjuguer science et religion dans une mystique évolutionniste qui n'était pas sans intérêt. Ses opinions avancées lui valurent pendant de longues années la suspicion prolongée des autorités ecclésiastiques, opposées à la publication de ses ouvrages philosophiques. Depuis, beaucoup d'eau a passé sous les ponts de Rome et ses livres ont enfin reçu l'imprimatur...

Un poème érotico-mystique

Mystérieusement, entre le deuxième et le troisième niveaux, se glisse la perle de grand prix, le Cantique des cantiques. Fort encombrant de par sa narration suggestive, mais véritable joyau littéraire, ce magnifique poème érotico-mystique n'est entré qu'au Ier siècle de l'ère chrétienne dans le canon biblique juif, qui le trouvait plutôt encombrant. Et pour cause...

Il est vrai que ses images troublantes et charnelles très précises ont également donné pas mal de fil à retordre aux exégèses des Pères de l'Église catholique, terriblement embarrassés qu'ils étaient par l'exubérance sexuelle et la sensualité brûlante de ces versets passibles du carré blanc !

En effet, l'érotisme sous-jacent contenu dans le poème cadre si mal avec le renoncement aux joies de la chair prônées par l'Église que la théologie s'en désintéresse, l'ignore et s'en détourne pudiquement.

Pourtant, ce poème est là dans toute sa beauté, et si nous savons maintenant projeter sur lui le spot lumineux de la

« vraie lecture », il éclaire superbement notre misérable condition humaine.

Si l'on est averti que, dans la mystique juive, l'âme est toujours représentée comme la fiancée, l'épouse, l'amante, on se choquera moins de ces invites voluptueuses à la « copulation », de ces recettes aphrodisiaques à base de mandragore, la plante sorcière et magique par excellence, qui parsèment le Cantique des cantiques : « Qu'il me baise des baisers de sa bouche ! » (I, 2) ; « Là je te donnerai mon amour. Les mandragores répandent leur parfum [...], mon bien-aimé, je les ai gardées pour toi... » (VII, 13-14).

Fruits mystérieux qui suscitent le désir, stimulent les partenaires dans les jeux amoureux et que la belle Sulamithe en proie au mal d'amour promet à son bien-aimé qu'elle poursuit à travers la ville et les champs : « Sur ma couche pendant les nuits j'ai cherché celui que mon cœur aime ; je l'ai cherché et je ne l'ai point trouvé... Je me lèverai et je ferai le tour de la ville, dans les rues et dans les places » (III, 1-2). C'est la quête incessante et douloureuse de l'âme à la recherche du divin-amant : « Si vous trouvez mon Bien-Aimé, que lui direz-vous ? Que je suis malade d'amour » (V, 8).

La réponse du bien-aimé à ce long cri d'amour est pour le moins curieuse. Il commence par détailler les charmes de sa belle comme un amant enivré de souvenirs voluptueux : « Les contours de ta hanche sont comme des colliers... Ton sein est une coupe arrondie... Ton corps un tas de froment... Ta taille ressemble au palmier, je dis, je monterai sur le palmier... Tes deux seins sont comme deux faons... » (VII, 2-4, 8-9).

Si l'on suit le texte dans son sens littéral, ce bien-aimé fait état d'une polygamie sans complexes : « Il y a soixante reines et quatre-vingts femmes de second rang et des jeunes filles sans nombre : mais une seule est ma colombe, ma parfaite amie, elle est unique... » (VI, 8).

C'est à la lueur de cette transposition verbale, assez libre de propos, on en conviendra, qu'on peut alors comprendre par la suite toutes les imprécations, les anathèmes, la fureur jalouse contre les fornications de l'Unique que fulmine le Dieu de la Bible, qui se comporte allègrement ni plus, ni moins que comme le dernier des maris cocus : « Voici, je vais dresser contre toi les amants dont tu t'es séparée ; je vais les ramener de partout, les Babyloniens, les Chaldéens, ceux de Pégod, de Soa, de Quo, tous les jeunes et séduisants, tous gouverneurs, tous capitaines et cavaliers renommés » (Ézéchiel, XXIII, 22).

Tantôt chérie comme une fiancée précieuse, honorée comme une épouse de haut rang, puis, sans transition, insultée, traînée dans la boue comme une vulgaire prostituée de bas étage, on voit l'âme trébucher, se relever, implorer le pardon de ses transgressions, retomber sans cesse dans le « péché » (représenté par l'adultère) et faire pénitence de vie en vie, autant de fois qu'il sera nécessaire à sa purification. Car, en vérité, ces « soixante reines et quatre-vingts femmes », ces « jeunes filles sans nombre » sont les multiples incarnations de l'âme, qui pourtant est bien l'Unique.

Ainsi, sans clé, sans le sésame qui permettrait l'ouverture de tous ces textes hermétiques qui foisonnent dans la Bible, comment le *vulgum pecus* des chrétiens pourrait-il comprendre les différents sens de ce livre ?

Mais l'Église elle-même, dans son enseignement doctrinal, qui privilégie le plus souvent la lettre plutôt que l'esprit, ne donne pas l'impression d'y voir plus clair.

À moins que son exégèse volontairement obscure ne soit la « chasse gardée » d'un ésotérisme à l'usage exclusif de maîtres religieux, seuls habilités au déchiffrement de ce langage symbolique reliant la nature vivante et le *Tout ?* Nos théologiens sont-ils des maîtres ?

Chapitre IX

Les inventeurs de religions

> *« La vérité a disparu, elle s'est retirée de leur bouche »*
>
> (Jérémie, VII, 28)

Curieusement, dans les années 1960-1965, il était de bon ton dans les milieux religieux « avancés » de décréter après Nietzche : « Dieu est mort. »

Cette affirmation péremptoire, soutenue par les écrits et les déclarations fracassantes de grands théologiens – tant catholiques que protestants – se disant obsédés par le « silence de Dieu », prenait sa source dans l'audace et les réalisations technologiques époustouflantes d'une science ivre de ses propres découvertes (spectaculaires, il est vrai !) et tout entière centrée sur l'homme : ses capacités, son histoire, ses possibilités intellectuelles illimitées, presque un « surhomme » – n'était, hélas, sa condition périssable, ce mélange absurde de force et de faiblesse dont il fallait bien subir l'implacable loi, c'est-à-dire la mort triomphante au bout du chemin.

Écrire une nouvelle histoire de Dieu

Pour ces théologiens exaltés, qui essayaient de rayer Dieu de leur vocabulaire, il était urgent de réécrire une histoire de Dieu en surimpression sur celle des temps archaïques, qui se composait de vérités révélées, une histoire sainte toute remplie de miracles, d'alliance, de commandements, de promesses, qui n'étaient alors pas mis en doute. L'important, surtout, dans le monde d'aujourd'hui ébranlé par l'incrédulité religieuse, c'était pour ces théologiens dans le vent de refuser en bloc le « fatras biblique » qui ne correspondait plus à une mentalité moderne.

De leur point de vue, l'homme pouvait se débrouiller tout seul, tant bien que mal. On pensait, Descartes oblige, que tout pouvait aller sans Dieu et que le monde n'en poursuivait pas moins sa route. La Terre tournait... nous naissions... nous mourions... Que venait faire Dieu là-dedans ?

Et puis, Dieu, c'était quoi au juste ?

Un archétype, un principe, une pensée ? Pourquoi pas, après tout, un « rien » ? Il convient au demeurant de souligner à ce propos que le vocable « Dieu » est une simple commodité de langage et que c'est dans cette optique que nous l'employons tout au long de cet ouvrage, sans pour cela y mettre une connotation religieuse particulière, puisque Dieu est si universel qu'il peut s'appeler Allah, Çiva, Krishna, Brahma, Vishnu, etc. *Il* n'appartient à personne, *Il* n'a pas de nom. C'est pour éviter de tomber dans l'anthropomorphisme que le judaïsme le représentait par les quatre lettres du tétragramme sacré IHVH que l'on a traduit par Jéhovah ou Yahvé.

C'est donc à la croisée des chemins de cette interrogation stérile : « Qu'est-ce que Dieu ? », qu'en compulsant les Écritures on aurait pu trouver la seule réponse valable, intemporelle, enchâssée telle une gemme rare dans un « présent » qui ferait fi du temps : celle, superbe, que recevait la curiosité légitime de Moïse sur le mont Horeb : « Je suis celui qui suis », c'est-à-dire l'Essence de toute chose, la Réalité, l'*Un* sans théologie…

À l'évidence, Dieu, principe ou pensée, n'est pas religieux. *Il* ne fait pas de théologie. *Il* se contente de « faire du Dieu » – si l'on peut oser cette expression irrévérencieuse. Pour autant qu'on puisse le concevoir ou le supputer, c'est un « faire » qui nous échappe totalement, un « faire » inconcevable, incompréhensible, que l'on ne peut appréhender faute de points de repère.

Que peut le fini face à l'infini ? Comment une oie gavée dans la souffrance pourrait-elle comprendre que son foie est la merveille des merveilles gastronomiques ? C'est à peu près, toutes proportions gardées, notre position. Le message de Dieu, sa Parole, qui est aussi une merveille de nourriture spirituelle, se résume aux dix commandements, un décalogue simple en forme de règle de bonne conduite pour les usagers du chemin de vie (« tu aimeras ton prochain comme toi-même », entre autres, injonction pertinente qui épargnerait pas mal de karma si elle était suivie scrupuleusement alors que personne ne se soucie de l'appliquer), décalogue qui sert de base à toutes les religions dans leur ésotérisme, bien que leur exotérisme se différencie dans les rites particuliers qui les caractérisent. De ce point de vue, on ne peut nier que les préceptes de Bouddha rendent un écho indéniablement chrétien.

Une construction tout humaine

C'est donc en vertu de ce qui précède, et n'en déplaise aux théologiens, qu'il serait bon de rappeler que la théologie, science de Dieu, ne ressortit nullement à la Vérité.

Avant tout, c'est un système, une construction toute humaine qui se veut explicative de la divinité, à sa façon, dans le cadre d'un dogmatisme religieux très élaboré, bien que le Christ auquel elle se réfère n'ait jamais codifié son enseignement par écrit, ni institué de rituel, ni constitué un clergé, puisqu'il s'est toujours élevé avec violence contre le clergé de sa propre religion.

D'ailleurs, arrogante prétention que celle même de théologie ! Car comment expliquer l'inexplicable, l'ineffable, totalement inaccessibles à la raison et qui ne peuvent être ressentis que par le moyen du cœur ?

Comment peut-on plaquer le raisonnement sur le monde subjectif de la pensée la plus méconnaissable, celle qui prend sa source dans l'essence même de l'Être, son immatérialité ?

Il est certain que la « Connaissance » n'a que faire de la théologie, qu'elle soit scolastique ou dogmatique, car elle ne peut prétendre à l'universalisme de la recherche de la vérité – bien que « catholique » signifie « universel » ! –, une vérité qui emprunte le chemin des différentes religions suivant le psychisme des peuples qu'elle traverse, sans que tel ou tel puisse se prévaloir d'être le seul et unique détenteur de cette vérité, ce qui conduit immanquablement au prosélytisme fanatique, générateur de guerres saintes.

Les soubresauts actuels de l'islam, déchiré par ses intégrismes, en sont la triste manifestation, tout autant que les fausses raisons politiques qui opposent Palestiniens et Israéliens dans leurs querelles de famille.

Sans doute est-ce là le mystère de notre planète, entité vivante dont nous détruisons physiquement et moralement l'harmonie, son karma en somme, que nous fabriquons en toute inconscience par ignorance des vraies lois de la vie.

De toute manière, il est bon de souligner que le prosélytisme religieux, quel qu'il soit, va à l'encontre du courant de l'évolution. Imposer une croyance est véritablement un

« péché » contre l'esprit. C'est une entrave certaine au libre arbitre, cet apanage de l'homme voulu par son Créateur, apanage qui est son plus beau fleuron et qu'il se doit d'exercer pleinement sans être guidé par telle ou telle confession.

La grande révolte de Luther au XVIe siècle, qui aboutira au protestantisme séparatif, avait justement pour objet le libre examen des Écritures, sans l'intermédiaire obligé d'un cléricalisme pesant.

Sa Réforme, qui tentait de secouer le joug de Rome, échouera en partie, et engendrera les guerres de Religion, une monstruosité qui ensanglanta l'Europe pendant plus de trente ans.

Ce mouvement rénovateur fut lui aussi un échec total, par le rigorisme et l'intransigeance de son enseignement où, à nouveau, la lettre primait l'esprit. Luther s'était lui aussi fourvoyé dans la lecture de la Bible, à laquelle il ne comprenait goutte, l'ayant abordée inévitablement en théologien.

Des siècles passés à nos jours, rien de changé. On peut voir que le conditionnement des chrétiens dans le cadre de leur religion et de sa pratique les dirige toujours vers une eschatologie messianique qui ressemble plus à un mythe qu'à une vérité transcendante.

La toute-puissance du dogme de la résurrection finale et de la venue du Messie pèse d'une façon angoissante sur le psychisme judéo-chrétien, soumis à une attente indéfinie d'un lieu et d'un moment tant promis, mais dont personne ne sait rien de précis.

Les juifs comme les chrétiens sont dans l'espérance de la venue du Messie glorieux qui viendra régner sur la Terre, mais le Messie n'est pas le même pour les uns et les autres, bien que la source de cette promesse soit identique, et identique l'aveuglement : « Un aveugle peut-il conduire un aveugle ? Ne tomberont-ils pas tous deux dans la même fosse ? »

Cette parole du Christ tirée de l'Évangile de Luc (v, 39) résume à elle seule tout le problème.

Les inventeurs de religions

Hélas ! malgré le côté terriblement choquant de cette constatation, il faut bien se rendre compte que la Révélation ou l'Inspiration divine qui restent la base des « inventeurs de religions », qu'ils soient prophètes, élus, initiés, etc., cette Révélation est fatalement reçue dans un réceptacle humain, donc limité.

Elle subit alors forcément la déformation de la psychologie et du climat émotionnel de celui qui, en la recueillant, la métamorphose à sa façon.

Ainsi en est-il, toute révérence gardée, de saint Paul qui, foudroyé par l'« extase divine » sur le chemin de Damas, n'a plus que sa bonne volonté et son entendement personnel pour délivrer le message, l'ériger en système religieux, Vérité ineffable qui aura malgré tout enduré la moulinette de ses propres limitations naturelles. Saint Paul était pharisien, une des sectes les plus rigides de la religion judaïque, et cette rigidité se retrouvera dans ses prescriptions, le caractère strict de ses observances et le fanatisme qu'il imprimera à la nouvelle doctrine.

De ce fait, il a fatalement légué à l'Église sa pensée, figée dans les archaïsmes et les conditionnements de la loi mosaïque. Et c'est bien parce qu'il en est ainsi de la nature humaine en général, de sa faiblesse, de sa courte vue, que nous voyons tant de divergences dans les écrits postérieurs des Pères et docteurs de l'Église, qui vont institutionnaliser à leur manière l'enseignement du Christ : saint Paul décrète, saint Augustin disserte, saint Jérôme foudroie le pauvre Origène qui, lui, prône la réincarnation – notons que l'Église rancunière n'accorde pas à ce dernier le statut de saint, largement attribué aux autres précités – et, pour clore définitivement le bec aux éventuelles déviations – les hérésies –, saint Thomas d'Aquin élabore sa monumentale *Somme théologique*, garante sans faille de l'orthodoxie romaine, illustrée par la maxime célèbre : « Rome a parlé, la cause est entendue. »

Mais cette *Somme théologique*, qui fait toujours référence dans toutes les controverses, va opposer à la conception trinitaire de l'homme, base indispensable de la réincarnation que nous avons décrite dans un précédent chapitre, la « dichotomie » ou division en corps et âme, sans l'intermédiaire éthérique du corps subtil.

Dans cette optique, saint Thomas relie intimement les dispositions du corps à celles de l'âme. Il énonce comme une vérité dogmatique que « c'est à la bonne composition du corps que tient la noblesse de l'âme ». Dans sa perspective, l'âme est un principe spirituel qui a besoin du corps, non pour « être », mais pour « agir » et puisqu'elle est la forme substantielle du corps, elle ne peut s'unir qu'à ce corps physique. Donc un seul corps, une seule âme.

Avec saint Thomas, le dogme chrétien est arrêté, fixé, réglé de telle manière que l'on n'aura plus à y revenir, et nous n'y verrons pas, bien entendu, la moindre lueur de « transmigration des âmes ». Pourtant, si nous remontons aux premiers temps de sa naissance pour ausculter ce dogme, nous allons entrevoir, pour peu qu'on les analyse objectivement, l'effarante incompatibilité qui, dans les écrits de saint Paul, éclate entre la parole du Christ – dont il ne fut même pas apôtre, ne l'ayant jamais connu de son vivant – et la dérive de son interprétation personnelle. Il en résulte à la confrontation un fameux embrouillamini !

Car, à lire les textes, on s'aperçoit que saint Paul fonde son apostolat intransigeant sur l'« extase » – mal digérée – de son chemin de Damas, extase qui lui donne, croit-il, toute autorité pour élaborer la nouvelle religion d'après sa propre compréhension, ses propres décrets, qu'il impose sans supporter la contradiction.

Ensuite, sur les directives pauliniennes, qui structurent la jeune doctrine et lui donnent son ossature, vont se greffer au fil des siècles, dans leur complexité grandissante, les écrits des plus grands docteurs de l'Église, déterminant non seulement le dogme et la direction des consciences, mais aussi et surtout la morale, rigide, répressive dans la conduite des mœurs, centrée sur le « péché » par excellence : la sexualité, dont la gent féminine, par Ève interposée, fera les frais.

L'anathème de la chair

La position de l'Église à l'égard des problèmes sexuels se caractérise très exactement par une horreur de la chair – et de la femme – proprement pathologique.

Pourtant, à l'encontre de ses disciples et, plus tard, de son Église constituée, en un temps et dans une société patriarcale où les femmes étaient considérées comme la dernière roue du carrosse, cantonnées dans leur rôle de reproductrices, effacées de la vie religieuse et mises à mort sans procès dans le cas d'infidélité conjugale, le Christ nous apparaît comme résolument féministe.

Dans l'épisode de la femme adultère, surprise en flagrant délit et qui allait, suivant la coutume juive, subir la lapidation, on voit Jésus, indigné par cette foule qui hurle à la mort, lui faire un rempart de son autorité. Il la protège, il la défend. Il connaît son « péché » et il en connaît la sanction. Alors, face aux clameurs, et peut-être aussi à quelques pierres qui commencent à voler bas, il demande froidement : « Que celui d'entre vous qui n'a jamais péché lui jette la première pierre... »

Les cris de haine se sont tus, c'est le silence... Personne ne bouge. Le Christ se tourne vers la femme adultère et lui dit avec mansuétude : « Puisque personne ne t'a condamnée, je ne te condamnerai pas non plus. Va, et ne pèche plus ».

Les femmes ont aimé Jésus et elles lui seront fidèles jusqu'au supplice final. Après sa mère, douce et humble, dont les Évangiles parlent peu, l'autre grande figure féminine qui accompagne Jésus tout au long de son ministère, c'est Marie-Madeleine, personnalité mystérieuse dont l'amour inconditionnel qu'elle porta au Christ fut plus un embarras qu'une bénédiction pour les exégètes des Évangiles.

Il faut dire que le côté « groupie » de Marie-Madeleine a donné lieu à des explications assez troubles sur son rôle mal défini. Les apôtres la jalousaient, ils la méprisaient ouvertement, la rudoyaient à l'occasion et l'empêchaient à tout moment d'approcher le Christ. Ils laissaient croire par leurs propos, en la traitant de pécheresse, qu'elle n'était qu'une simple prostituée.

Mais Marie-Madeleine était très certainement une courtisane de luxe, une *call-girl* qui menait une vie fastueuse. Elle était riche ; on peut se faire une idée de ses vêtements, de ses parures, au travers des quelques détails qu'en donnent à contrecœur les quatre évangélistes.

Jeune, belle, sans mari, comment n'aurait-elle pas attiré les critiques ? Quand, dans un moment d'adoration, elle répand sur les pieds de Jésus « tout un flacon de parfum d'un grand prix », on entend la remarque assez aigre des apôtres devant ce geste fou, ce gaspillage d'une denrée dont la valeur inestimable, transformée en argent sonnant et trébuchant, aurait pu soulager la misère de quelque pauvre. Jésus a compris le geste de Marie-Madeleine, un geste qui la hausse par sa somptuosité au-delà d'un amour charnel qu'elle éprouve peut-être, mais dont elle sait qu'il ne pourra jamais aboutir... Toujours aimante et passionnée, elle le suivra courageusement jusqu'au calvaire avec les autres femmes, quand tous les apôtres, sauf Jean, se seront enfuis.

Saint Paul, lui, déteste les femmes, ou plutôt « la » femme, Ève... Quand il parle du mariage, de l'union des sexes, il n'en voit que le seul but légitime : la procréation, et, à la limite, l'hypocrite assouvissement du « plaisir », considéré comme le « péché », mais un péché qui se trouve sanctifié dès lors qu'il est sacralisé. Dans sa première épître à Timothée (II, 12-14), Paul révèle sa misogynie profonde : « Je ne permets pas à la femme d'enseigner ni de prendre de l'autorité sur l'homme, mais elle doit demeurer dans le silence. Car, Adam a été formé le premier, Ève ensuite et ce n'est pas Adam qui a été séduit, c'est la femme, qui, séduite, s'est rendue coupable de transgression. » Ce jugement abrupt poursuit encore l'espèce féminine d'une malédiction que rien ne semble vouloir effacer.

Et encore ce verset (I Corinthiens, XIV, 34) : « Que les femmes se taisent dans les assemblées, car il ne leur est permis d'y parler, mais qu'elles soient soumises, selon que le dit la Loi. Il est malséant à une femme de parler dans l'Église ».

Et ce conseil, toujours aux Corinthiens (I, VII, 1-2) : « Pour ce qui concerne les choses du mariage, je pense qu'il est bon pour l'homme de ne point toucher femme [!]. Toutefois, pour éviter l'impudicité, que chacun ait sa femme et que chaque femme ait son mari. »

Nouveau conseil à Timothée, qui décidément avait sans doute bien besoin de modérer sa conduite : « Exhorte les femmes âgées comme des mères, celles qui sont jeunes comme des sœurs en toute pureté » (I, V, 2).

« Car si elles sont oisives, elles apprennent à aller de maison en maison, bavardes et intrigantes et disant ce qu'il ne faut pas dire » (I, V, 13).

Nous verrons, hélas, plus tard, que ces versets moralisateurs, qui paraissent anodins, ont consacré la rupture définitive avec le sexe et la femme, et aussi avec le corps humain, considéré comme une défroque et digne de tous les mépris.

Clément d'Alexandrie, docteur de l'Église, n'y va pas de main morte. Écoutons ses propos, qui valent leur pesant de machisme et qui auraient nécessité une solide psychanalyse : « Toute femme devrait être pleine de honte à la seule pensée qu'elle est une femme ! » On n'est pas plus aimable ! Cette profession de foi se passe de commentaire. Mais l'exemple venant de haut, c'est bien connu, Clément d'Alexandrie avait dû faire sienne l'opinion de saint Pierre, futur porte-clés du paradis, pour lequel les femmes semblaient appartenir à une espèce mal définie, une branche mineure du règne animal peut-être...

Écoutons ces paroles d'un machisme méprisant : « Que Maria sorte de parmi nous, parce que les femmes ne sont pas dignes de la vie » *(Évangile de Thomas)*. Nous, les hommes, si !

Quand on pense que c'est ce vieux barbon qui se tient à la porte du ciel... Il va falloir jouer serré pour pénétrer dans sa forteresse !

Ce qui ressort des écrits des premiers siècles de l'ère chrétienne, c'est qu'il faut absolument reléguer la vie sexuelle et les femmes dans une exclusion totale, sans doute pour éviter la contamination du secteur masculin, seul digne de considération... et saint Paul ne craignait pas de s'interroger sur le fait de savoir si les femmes possédaient ou non une âme !

Peut-être, de son point de vue, l'horrible fornication de la première femme, Ève, était-elle la conséquence de cette absence d'âme, ce « plus » si généreusement accordé à Adam.

Cependant, si l'on se réfère aux noces de Cana, sous le patronage du Christ, qui opère là son premier miracle, on voit que ces noces ne comportent aucunement l'idée de péché, et encore moins de sacralisation. C'est une fête naturelle, participant d'une joie sensuelle sans connotation religieuse.

Il est du reste piquant de relever que le judaïsme – ainsi que l'islam –, qui verse allègrement dans une joyeuse polygamie – avec pour prototypes Abraham et Jacob, dignes patriarches qui sèment leurs bâtards sous les yeux indulgents de l'Éternel, qui les bénit –, que le judaïsme ignore l'anathème de la chair, tout au moins dans la frileuse conception de saint Paul.

Ne plus confondre Dieu et l'Église

En notre temps, on peut constater – et certains croyants sincères le déplorent – tous les désordres actuels qui ravagent l'Église dans sa théologie abstruse : ses réformes paradoxales (avant Vatican II le manquement à la messe dominicale était sanctionné « péché mortel », maintenant la messe est « accommodée »), ses directives répressives – la fécondation *in vitro* entre gamètes d'époux légitimes est déclarée illicite –, illicites aussi la pilule, le préservatif (en dépit du sida considéré certainement comme le châtiment divin de la luxure), et bien entendu, illicite au plus haut degré de culpabilité l'avortement, même après avis médical pour raisons thérapeutiques.

Toutes ces directives brouillonnes ont contribué à déboussoler les chrétiens, qui ne savent plus aujourd'hui à quel « missel » authentique ils doivent se reporter pour rester dans la ligne orthodoxe. Ainsi, Lucie V..., professeur à l'Institut catholique à Paris, se révolte : « Utiliser des préservatifs, dit-elle, j'appelle ça prendre tout simplement ses responsabilités. Si l'Église ne comprend pas ça, elle nous perd de vue, nous les croyants, surtout les jeunes qu'elle laisse filer entre ses doigts. »

Christine P… avoue : « On s'est habitués à ne plus confondre Dieu et l'Église. Et qu'on ne me dise pas que le divorce nous sépare de Dieu pour toujours. C'est une absurdité. Je suis divorcée, remariée et toujours aussi chrétienne. »

La question qui reste toujours actuelle c'est le problème de l'autonomie de la science par rapport à l'Église, et le fossé qui les sépare ne fait que se creuser davantage avec la procréation artificielle, les manipulations génétiques de plus en plus poussées, les greffes d'organes, l'incinération qui remplace l'enterrement conventionnel et ne donne plus lieu à des cérémonies religieuses, l'épineuse question de l'euthanasie pour les grands malades à bout de souffrances, et les tentatives avortées du rapprochement entre juifs et chrétiens, toujours remis aux calendes grecques parce qu'on ne sait par quel biais le prendre, au regard de la théologie.

Une querelle de famille

Pour comprendre la position de la théologie catholique et son intransigeance vis-à-vis du rapprochement judéo-chrétien, il faut se rappeler que dans les tout premiers temps du christianisme (qui essayait de se placer en tant que nouvelle révélation), celui-ci se démarquait en grande partie du judaïsme, tout en continuant à prendre ses Écritures pour base.

Dans cette perspective, la Nouvelle Église remplaçait forcément l'ancienne, la judaïque, considérée comme dépassée, éteinte même puisque son Temple avait été détruit et son peuple dispersé.

Par une argumentation autoritaire, la jeune Église chrétienne stigmatisait le peuple juif de l'accusation de « déicide », le décrétant par cette sentence légitimement haïssable, enfoncé dans l'erreur la plus abominable, puisqu'il avait refusé de reconnaître le Messie.

De la prolongation de cette erreur capitale émergera pour de longs siècles la lèpre d'un antisémitisme irréductible, religieux d'abord, politique ensuite, avec toutes les conséquences funestes qui en découleront.

Car, la présence persistante au sein du monde chrétien de l'héritage juif impossible à évacuer sapait la supériorité du christianisme qui se considérait, et se considère toujours, comme la religion définitive. Dans la IIIe conférence de l'épiscopat américain en 1979, le pape Jean-Paul II déclarait : « L'Église possède grâce à l'Évangile, la "Vérité" sur l'homme. » La vérité ! L'Église a bien de la chance de détenir un tel privilège quand tout le monde patauge lamentablement devant cette énigme !

Écoutons encore les propos de l'abbé Aulagnier, nouveau croisé de l'intégrisme, dans l'interview que lui consacra *Le Nouvel Observateur* en octobre 1989 :

« Mon désir, dit-il, c'est de répandre la foi catholique. Je souhaite que les juifs se convertissent à celui qu'ils ont crucifié. Il serait temps que les juifs comprennent que le "peuple élu" a changé de main. C'est désormais l'Église qui est le peuple élu. » Mais, face à la certitude catholique, il y a toujours la religion juive qui fait entendre un autre son de cloche. Dans l'émission télévisée « 7 sur 7 » du 10 septembre 1989, Élie Wiesel, Prix Nobel de la paix, s'étranglait de fureur devant Anne Sinclair à propos de l'affaire du Carmel d'Auschwitz, sur ce qu'il appelait en termes non équivoques « la récupération des juifs par les chrétiens, ayant pour objet de les convertir ». Une véritable entente cordiale !

Les mauvais fruits du concile

Cependant, en 1964, le concile Vatican II, sans doute ébranlé par l'horreur de l'holocauste, élaborait, un peu tard après deux mille ans de vindicte religieuse et d'antisémitisme virulent, un texte qui rejetait cette accusation de « déicide » dûment enseignée dans la catéchèse comme une vérité historique intangible. Mais l'acte de « déicide » est une absurdité. Il tombe sous le sens qu'on ne peut tuer Dieu. Comment tuer un principe ? De même que Dieu ne peut s'incarner, il est sans corps, sans forme, immatériel. L'appellation de « Christ » est la traduction de l'hébreu *Meschiah* (Messie), c'est-à-dire l'« Oint », celui qui doit recevoir l'onction royale. Cela n'implique nullement une idée de crucifixion comme l'Église l'a laissé dévier, volontairement ou involontairement.

Dans le premier cas, c'est un abus spirituel dont les conséquences sont incalculables. Dans le second, c'est de l'aveuglement. L'Église a été totalement dépassée par la grandeur cosmique de Jésus, devenu véritablement « fils de Dieu », le Christ, l'Oint, l'Envoyé, un de ces « êtres de lumière » dont la mission consiste à diriger l'humanité sur le chemin de l'évolution… Que ce soit l'une ou l'autre proposition, il n'en demeure pas moins que le fameux texte souleva tant d'amendements qu'il dut être renvoyé à la session de 1965. Ensuite, les habituelles subtilités casuistiques aidant, il ne put aboutir pleinement, car son acceptation aurait laissé croire qu'aux yeux du concile (et du monde chrétien) le Christ n'était pas Dieu…

Ces mauvais fruits du concile mirent définitivement par terre le rapprochement judéo-chrétien, timidement amorcé sous le pontificat de Pie XI, lequel avait expressément condamné en 1936 non seulement la doctrine nazie, mais également l'antisémitisme. Mais en 1989, l'affaire du Carmel

Pie XI = 1922-1939 cf accords de Latran
Pie XII 1939-1958

d'Auschwitz ayant remis le feu aux poudres démontrait bien l'inanité de ce rapprochement. Les sœurs ennemies continuent de se déchirer à belles dents parce qu'elles campent toujours sur leurs positions respectives, et si les catholiques sont antisémites, les juifs sont tout aussi viscéralement antichrétiens, ce qui a contribué très certainement à leur marginalisation, un ghetto moral aussi bien que physique, qu'ils ont provoqué délibérément par le truchement de leurs rabbins, qui au Moyen Âge avaient la terreur des conversions forcées au christianisme.

C'est ce que confirme l'opinion de Jacob Katz, professeur à l'université de Jérusalem : « Les juifs ont pratiqué un sentiment volontaire de séparation, une ségrégation assumée librement pour tenter de dévaloriser la religion de l'autre. »

De même, à propos de la nomination de Jean-Marie Lustiger (juif converti) aux très hautes fonctions de cardinal, Raphaël Draï, professeur et auteur de la très polémique *Lettre ouverte au cardinal Lustiger*, n'est pas avare d'interprétations. Il pense que « l'Église veut signifier par cette nomination, l'aboutissement de l'existence juive et l'accomplissement de la vocation juive dans la conversion au christianisme ».

Cercle vicieux et dialogue de sourds. Que ne peuvent-ils se mettre d'accord sur la croyance universelle de la réincarnation, qui peut recevoir sans problèmes et litiges toutes les religions de la planète ? Ils s'épargneraient bien du tourment métaphysique !

En attendant, la non-reconnaissance de l'État d'Israël par le Vatican (obstiné) n'est pas faite pour amorcer un rapprochement en vue d'améliorer les relations entre les deux parties, ce qui pourrait éteindre ces querelles spirituelles stupides qui dégénèrent en conflits politiques, embrasant ce Moyen-Orient qui est devenu un véritable brûlot.

On voit donc que la croyance en la réincarnation, si elle était répandue, enseignée, comprise dans sa noblesse, sa justice et son équité, résoudrait avec sagesse la diversité des religions, et aussi celles des ethnies qui tentent d'imposer leur croyance dans un intégrisme fanatique qui fait couler et fera encore couler des flots de sang.

La réincarnation ne fait pas de prosélytisme. Sa propagation est entièrement pacifique. Elle accueille sans distinction tous ceux qui veulent y adhérer. Elle ne brandit aucun anathème, n'érige aucun bûcher, ne stigmatise personne.

Avec elle, nul n'est supérieur ou inférieur. Chacun est ce qu'il « est » intrinsèquement. Chacun garde sa valeur et tout le monde a ses chances.

Dieu est « Un pour tous, tous pour Un ».

La grandeur et la profondeur spirituelle de la réincarnation, religion cosmique, c'est qu'elle est conciliable avec toutes les religions de la Terre, sans empêchement pour les pratiquer dans leur rites particuliers.

Peut-on concevoir croyance plus libérale ?

Chapitre X

Les lois de l'Univers

> *« L'Univers ressemble de moins en moins à une machine et de plus en plus à une grande pensée »*
>
> (James Jeans, astronome)

L'existence de Dieu, l'idée de Dieu ont-elles définitivement déserté notre XXe siècle finissant ?

Si l'on en croit André Malraux qui a dit : « Le XXIe siècle sera spiritualiste ou ne sera pas », on peut prévoir que la science, dans les prochaines décennies, poussera à l'extrême limite le déchiffrement des mystères de l'Univers, et aussi du mystère intérieur de l'homme, qui lui correspond et dans lequel il évolue.

Dans la nouvelle ère du Verseau, signe de liberté et de découvertes, s'effectuera le passage du grossier au subtil, de l'ignorance à la Connaissance. En approfondissant les lois de la nature, la science sera capable d'en prévoir le déploiement, la grandeur et leur au-delà spirituel, actuellement cachés, dans les théories les plus avancées du monde physique.

Examinons de plus près quelques-unes de ces théories et les réflexions philosophiques qui en découlent.

Quand les astrophysiciens des grands observatoires du mont Palomar et d'Arecibo, armés de leurs radiotélescopes géants, ont voulu un jour éliminer les bruits de fond qui perturbaient leur écoute de l'Univers, ils ont entendu un bruissement léger, un murmure continu que jamais rien n'arrête : le souffle vivant de l'Univers, sa respiration...

Qu'est-ce que l'Univers ? L'Univers est *lois*. Il est énergie, vibration, rythme... Il est le contenant universel de tout ce qui paraît exister à nos sens. Il a pour support la matière, pour moteur l'énergie, pour situation l'espace.

Ainsi, l'Univers peut se définir par trois dimensions, plus une, l'« espace-temps », que les théories de la relativité d'Einstein ont popularisé depuis trois quarts de siècle.

Quant à son ultime dimension – cinquième, sixième... ou multidimensions –, c'est le mystère de la Vie, et nous ne pouvons que nous incliner humblement devant lui en faisant nôtre la pensée de Pascal : « Le silence de ces espaces infinis m'effraie... » Jusqu'où s'étend l'Univers ?

L'Univers va de l'infiniment grand à l'infiniment petit, de l'étoile la plus lointaine à l'atome invisible, bien que ces limites de grandeur et de petitesse soient maintenant dépassées, puisque les prospections scientifiques les plus pointues ont franchi ces barrières abstraites.

Les sondes spatiales auscultent les galaxies, condensations gigantesques d'un nombre prodigieux d'étoiles, et nous explorons l'atome, dont le noyau disséqué a fait apparaître des particules d'un type nouveau, ce qui prouve la complexité cosmique qui nous entoure.

Ce sont les systèmes stellaires, avec leurs planètes tournant autour d'une étoile centrale, qui ont suggéré au physicien Rutherford, au tout début du XXe siècle, le modèle de l'atome avec son noyau central analogue au Soleil et les électrons tournant comme des planètes autour de ce noyau.

Ainsi l'homme est constamment mis en face de ces deux abîmes : l'infiniment grand et l'infiniment petit.

Donc, si l'astronomie – ou l'astrophysique – embrasse dans son étude l'ensemble de l'Univers, il convient au moins d'en avoir une notion élémentaire, afin de nous estimer, nous-mêmes et notre petit monde, à nos justes proportions.

Dans son très beau livre, *La Pluralité des mondes habités*, Camille Flammarion va plus loin encore dans l'idée philosophique d'une étude de l'Univers : « Sans l'astronomie, affirme-t-il, il est impossible de raisonner juste en quoi que ce soit, ni en religion, ni en politique, ni en philosophie, car la destinée de l'homme n'est pas la même si la Terre constitue l'univers à elle seule ou si elle n'est qu'un point imperceptible perdu dans le grand Tout. Alors, le commencement et la fin de la Terre ne sont pas le commencement et la fin du monde, une nouvelle philosophie, grande et sublime s'élève d'elle-même sur la connaissance moderne de l'univers. »

Cependant, avant d'aborder les différentes théories concernant la naissance de l'Univers, il n'est pas inutile de prendre conscience de notre modeste monde, le système solaire, formation très moyenne d'un ensemble gigantesque de deux cents milliards d'étoiles qui composent notre galaxie, immense spirale de 100 000 années-lumière de diamètre, plus connue sous son appellation poétique de « Voie lactée » parce que la mythologie grecque croyait qu'elle était issue de gouttes du lait d'Héra, après qu'elle eut allaité Hercule.

Or le Soleil, notre soleil familier, est une simple étoile parmi tant d'autres, ni géante, ni naine, assez banale pourrait-on dire, même si l'Antiquité l'avait proprement divinisé. Il est entouré de neuf planètes, dont la Terre, notre habitat, entité vivante que nous colonisons et dont nous tirons notre subsistance, ni plus ni moins que des puces voraces sur le dos d'un chien.

Notre voisine la plus proche, la lune, est à 380 000 km. Le Soleil, plus lointain, est à 150 000 000 km. Pluton, la plus distante des planètes, gravite à 6 milliards de kilomètres.

Ces chiffres qui dépassent l'imagination sont relativement modestes, étant donné que nous ne sommes qu'une cellule minuscule implantée dans la banlieue de notre galaxie. Pour entrevoir les étoiles les plus éloignées du monde stellaire, les astronomes sont obligés de changer de vocabulaire. Leurs kilomètres deviennent des années-lumière, unité de longueur égale au trajet que parcourt la lumière en un an. Les ondes lumineuses parcourant 300 000 km à la seconde, l'année-lumière vaut donc 9 500 milliards de kilomètres.

Impossible à l'esprit humain, même le plus doué, de se représenter ce chiffre fabuleux, d'autant que cette échelle de distances s'étire à l'infini jusqu'au milliard de milliards d'années-lumière, ce qui, pratiquement, ne correspond plus à rien au regard de l'éphémère vie humaine.

La vraie forme de l'Univers

Quant aux savants de l'Antiquité, moins ambitieux que nos modernes astrophysiciens, la querelle qui les divisait avait pour objet la forme exacte de notre bonne vieille Terre.

Les Babyloniens se la représentaient comme une montagne creuse flottant sur les eaux profondes. Pour les Égyptiens, elle était plate et carrée à la fois ; la vache divine Hathor, les pieds posés aux quatre coins de la Terre, soutenait comme un dais la voûte stellaire, le ciel.

Au VIe siècle av. J.-C., Thalès de Milet pensait que la Terre était un disque plat. Avec Anaximandre, philosophe ionien, c'était une boîte cylindrique entourée d'air. Seul Pythagore la voyait assez justement comme une sphère, une boule pendue dans l'espace autour de laquelle tourneraient la Lune, le Soleil et le cortège des planètes, produisant une musique harmonieuse.

Mais le champion toutes catégories de ces théoriciens fut Aristarque de Samos. Lui seul, guidé par une géniale intuition, découvrit que la Terre tournait à la fois autour de son axe et autour du Soleil.

De nos jours, les observations scientifiques ont finalement permis de trancher : notre Terre est bien ronde. Fort bien, et cela ne se discute plus. Mais pour l'ensemble de notre Univers, il reste un point d'interrogation énorme : les physiciens et les astronomes ne savent toujours pas de façon certaine si l'espace de notre Univers est sphérique ou plan, ouvert ou fermé, limité ou illimité.

Pouvons-nous « sortir » librement de notre cage, ou sommes-nous enfermés sans le savoir vraiment dans une gigantesque souricière ?

Voilà une devinette d'importance, que devra résoudre l'astronomie moderne quand seront programmés les « voyages » autour de l'Univers. À l'heure actuelle, nous balbutions à l'intérieur de notre petit système solaire, avec brio certes, mais cela ne représente tout au plus qu'un petit tour à la campagne. Ce n'est pas encore la grande randonnée stellaire, l'ambitieux « tour du propriétaire » qui fera de nous des dieux !

Mais en attendant d'accéder à ce superbe moment, nous devons nous contenter des théories – nombreuses et changeantes – qui rendent actuellement compte de ce qu'est l'Univers et comment il est né.

Des théories et des astronomes...

Examinons quelques-unes de ces théories, parmi les plus récentes. En 1920, l'abbé Lemaître, fervent disciple d'Einstein, proposait un modèle d'Univers où toute la matière était comprimée au maximum. Cette boule primitive aurait eu à peine quelques centaines de kilomètres de diamètre. Sa densité énorme, qu'on aurait peine à imaginer, supposait qu'un dé à coudre de matière aurait pesé environ 100 000 tonnes. L'Univers aurait conservé pendant un temps indéfini cet état très dense, rien ne bougeait… puis, brusquement – qui a effectué la manœuvre ? –, l'expansion a commencé, l'Univers a pris son envol et ce fut le *big bang*, la grande explosion…

Autre point de vue : le physicien Friedman a suggéré qu'avant l'expansion l'Univers était en compression, c'est-à-dire pulsatif, se gonflant et se dégonflant périodiquement, et cela indéfiniment depuis toujours et pour toujours…

Avec cette théorie, nous serions là en présence d'un éternel retour tel que le concevaient les savants de l'Antiquité. Étant donné qu'ils avaient finement observé que la nature obéit à des cycles, l'Univers se devait d'être éternel et périodique, la période étant définie par ce que Platon appelait la grande année, dont la durée d'environ 12 500 ans constituait le plus petit commun multiple des périodes des différents cycles de l'Univers.

À la fin de chaque période, l'Univers revenait à son état initial et l'histoire se répétait, y compris l'histoire des affaires humaines, éternel retour en somme, celui-là même que suggèrent aujourd'hui les cosmologistes modernes. Rien de nouveau sous le soleil !

Malheureusement, cette théorie, pas plus que les autres d'ailleurs, ne répond encore, sur le fond, à la question primordiale concernant la « création » de l'Univers. Car, quel que soit le moment où il est apparu, fût-ce même à une date infiniment éloignée dans le passé, indéniablement, l'Univers est apparu. C'est là que se situe la véritable question, à savoir la « création », le processus qui a fait sortir le monde du néant. Y a-t-il une réponse de la science actuelle à ce problème irritant ?

Des hypothèses, des probabilités tout au plus, comme celle qu'a proposée en 1950 le grand astronome anglais Fred Hoyle, la « création continue de la matière ».

Voici son explication : si la matière est sortie à un certain moment du néant, c'est qu'il existe dans la nature un grand principe, une loi qui permet cette transformation du néant en matière. Mais à moins de faire appel à un « acte divin » – éventualité totalement refusée par la science –, si ce principe a existé dans le passé, il existe encore aujourd'hui et continue de créer le monde, car les lois de la nature ne peuvent être vraies à un certain moment et fausses à un autre... Une loi de la nature est par définition un principe immuable ; on peut grâce à elle prédire le déroulement des phénomènes de tous ordres : une violette ne donne pas naissance à un éléphant et un éléphant n'accouche pas d'une libellule !

Il doit donc en être ainsi du principe de création. Dans cette hypothèse, l'Univers s'étale à l'infini dans un espace sans limites. Il existe de toute éternité et il sera à jamais semblable à ce qu'il est maintenant. Autrement dit, de la matière sort à chaque instant, à jet continu, du « néant », à travers les immensités cosmiques.

D'après Fred Hoyle, qui en a calculé le rythme, c'est près de cent milliards de milliards de milliards de tonnes (ouf !) de matière qui apparaîtraient à chaque seconde dans l'Univers. Évidemment, c'est beaucoup... mais Dieu n'est pas pingre, l'avarice n'est pas son péché capital et il est bien connu qu'on ne prête qu'aux riches !

Enfin, une énième théorie – parmi tant d'autres, car nous ne pouvons les passer toutes au crible – pointe le bout de son télescope : c'est celle de l'« Univers oscillant », mise au point par A. Sandage, astronome du mont Wilson, aux États-Unis.

Examinons-la de plus près : d'abord, toute la matière constituant l'Univers se trouve rassemblée en un seul point. À un moment donné (toujours le point d'interrogation), sans doute le « gros boum », le fameux *big bang*, cette matière explose, projetant en tout sens étoiles, galaxies, nébuleuses, etc. Puis, 41 milliards d'années plus tard, tout repart en sens inverse. Les galaxies, les nébuleuses, les étoiles reviennent se concentrer... 41 milliards d'années encore, et toute la matière revient à nouveau à son point de départ. Nouveau « boum », et l'Univers repart pour un deuxième cycle de 82 milliards d'années... Et cela se répète indéfiniment...

Bien entendu, ces faramineuses explosions qui se succèdent tous les 80 milliards d'années doivent consommer une énergie folle, c'est-à-dire de la matière, ce qui logiquement devrait amener le monde à sa fin par manque de combustible... À moins d'admettre que l'énergie est inépuisable, ce qui signifierait que la matière l'est aussi et donc que l'Univers, sans commencement ni fin, est infini, etc. Un vrai casse-tête pour le simple *Homo sapiens*, mais peut-être pas pour le « créateur » quel qu'il soit ; au demeurant, lui seul connaît le fin mot de l'histoire...

On voit par là que les théories se succèdent sans pour autant résoudre l'énigme de la création, en dépit de l'acharnement des scientifiques à lever un coin du voile. À ce propos, le succès de *Voyager 2* en 1989, magnifique exploit, démontre bien la fragilité des hypothèses. Là où les astrophysiciens pensaient que Neptune était une planète paralysée par le froid, ils ont trouvé une planète chaude, agitée par un puissant volcanisme. C'est dire que le débat sur la « vraie de vraie » naissance de l'Univers reste toujours ouvert, puisque les théories les plus solides viennent buter sur un « on ne sait pas » auquel il faut bien se résigner. En attendant, que devient l'Univers ? Eh bien, ma bonne dame, il tourne, il tourne... et c'est tout ce qu'on peut en dire, aujourd'hui comme du temps de Galilée...

Mais, peut-être, ultime consolation, quand (?) nous connaîtrons la forme et la naissance exactes de l'Univers, serons-nous amenés à nous demander s'il n'existe pas un « Super-Univers » englobant celui que nous croyons être le seul, l'univers de la matière ? Nous pourrons alors entrevoir pour demain l'existence d'un univers de la pensée, ce qui rejoindrait l'affirmation de l'astronome James Jeans, mise en exergue de ce chapitre.

Les lois de l'Univers

Tout ce qui existe n'existe qu'en accord avec des lois. Les textes sacrés racontent que le Créateur, Dieu (?), tire le monde – notre Terre en particulier –, et ce par la parole, non pas *ex nihilo* (« de rien »), comme certains qui s'abusent sur les termes le croient communément, mais bien plutôt de ce fameux tohu-bohu, le chaos initial, ce qui, nous en conviendrons, n'est pas du tout la même chose.

En effet, si nous concevons le chaos comme un état non ordonné, non différencié, nous comprenons alors que toute organisation, tout mouvement, toute énergie, résultent justement d'une probable différenciation, en un mot d'un ordre, d'une loi d'harmonie.

Un grand mystère : l'énergie

Avec l'énergie, moteur qui anime l'Univers, nous découvrons une notion aussi mystérieuse que le temps, qui lui aussi est une énigme de taille.

Ce qu'est l'énergie elle-même, nous l'ignorons. C'est une entité indéfinissable, une abstraction, peut-être même le plus grand mystère parmi tous les mystères qui nous entourent.

Dans le monde physique, les principales formes d'énergie sont, *grosso modo*, l'énergie lumineuse, l'énergie calorique, l'énergie électrique, l'énergie chimique, etc. Ces diverses formes d'énergie sont parfaitement interchangeables. Elles possèdent une parfaite réversibilité permettant, par des moyens appropriés, de transformer l'une d'entre elles en l'une quelconque des autres.

Les rapports constants entre les quantités d'énergie ainsi transformées ont été démontrés par l'expérience scientifique, ce que Jean E. Charon résume fort bien en disant : « L'Univers se compose d'énergie positive et négative, et l'énergie totale de l'Univers est nulle à tout instant. »

Néanmoins, il est fort probable que des énergies d'une autre nature, spirituelles, indécelables par nos équipements technologiques, même les plus sophistiqués, que ces énergies inconnues existent. Le XIXe siècle pouvait-il prévoir par exemple l'énergie contenue dans l'atome – que l'on disait insécable –, sa puissance terrifiante et son utilisation meurtrière, telle que la subit Hiroshima – froid succès scientifique, qui n'aura pas manqué d'alourdir le karma de l'humanité, soit dit en passant.

Alors, quand les astronomes nous parlent de ces gigantesques feux d'artifice que sont les explosions d'étoiles, de galaxies, de toute cette énergie libérée dans le cosmos, on peut frémir en imaginant que notre petit Soleil, qui lui aussi est une étoile, pourrait bien exploser un jour… l'apocalypse, sans doute !

Triste constatation en passant, notre intelligence humaine ne nous permet de découvrir dans le monde, la plupart du temps, que des lois qui nous détruisent.

La dimension énergétique de l'Univers

Assez bizarrement, les traditions ésotériques de tous les peuples ont toujours eu conscience de la fantastique dimension énergétique de l'Univers. Les mythes décrivent sous une forme symbolique – tel Phaéton, fils d'Hélios, embrasant le monde par sa conduite inexpérimentée du char du Soleil – le pouvoir de ces énergies et leurs interrelations, que les rites magiques et sacrés pouvaient mettre en branle à volonté.

Pour la magie (blanche ou noire), il n'existe pas d'événement accidentel. Tout obéit à une loi occulte qui n'est pas ressentie comme coercitive, mais simplement accueillie comme la libération de la tyrannique notion de hasard. Les dieux et le monde sont obligés de se plier et de se soumettre à cette loi qui relie tout ce qui est perçu par les sens ou la conscience.

D'où les Anciens tenaient-ils cette connaissance ? Mystère. De plus, si, comme le prétend l'alchimie, les diverses énergies de l'Univers se transmutent indifféremment et sans perte les unes dans les autres, l'Univers – toujours renouvelé et jamais détruit – doit nécessairement osciller du chaos indifférencié à l'harmonie, dans une spirale « involutive-évolutive » qui est le rythme même de la vie.

Cette spirale descendante et ascendante constitue la renaissance de l'Univers, que le grand réformateur iranien Zoroastre (VIe siècle av. J.-C.) décrit si poétiquement : « L'éternel sablier de l'existence sera retourné à nouveau, et toi avec, poussière de poussière… tous les états que ce monde peut atteindre, il les a déjà atteints, et non pas une fois, mais un nombre infini de fois… »

Le grand savant atomiste Robert Oppenheimer et Fred Hoyle, astrophysicien, rejoignent tous deux la pensée de Zoroastre, à deux mille ans d'intervalle, quand ils mettent en évidence que « dans l'Univers existe le spectacle incessant d'Univers qui naissent, s'épanouissent et meurent, tout comme l'être humain ».

C'est de ce qui précède que nous pouvons conclure que la loi d'harmonie est la première loi de l'Univers. Au-delà, c'est le Principe premier, l'*Un*, la Réalité, ce « quelque chose » qui fait dire à Jean Charon : « Il existe une Réalité profonde partout présente dans l'univers qui est capable de faire "naître" la pensée dans l'espace, dans le même sens qu'un électron est capable de faire naître autour de lui un champ électrique ou magnétique dans ce même espace. Dès lors, la pensée est partout présente, aussi bien dans le minéral, le végétal ou l'animal, que dans l'homme. »

La loi de polarité

Cependant, l'esprit humain est incapable d'appréhender l'Unité. Le fini ne peut comprendre l'infini, qui lui demeure inaccessible.

Tout ce qui se présente à lui, à sa conscience, tout ce qu'il rencontre dans l'univers matériel, se définit sous une forme binaire.

Une évidence première : le souffle ; l'inspiration appelle obligatoirement l'expiration, sous peine d'asphyxie. L'ombre est sœur de la lumière, de même pour le chaud et son contraire le froid, le sec et l'humide, et, sans connotation politique, la gauche et la droite ; il en est encore ainsi de la haine et de l'amour et, dans un registre plus métaphysique, de l'inévitable opposition du Bien et du Mal, énorme casse-tête de la théologie, qui a toujours peiné pour les intégrer dans la vision religieuse d'un Dieu juste et bon. Ainsi, les exemples abondent, qu'il serait fastidieux d'énumérer plus avant.

Nous voici confrontés avec la deuxième loi de l'Univers : la loi de polarité ou loi de l'Être, cette dualité si difficile à assumer qui représente bien le flux de la vie. La vie est un rythme qui implique deux pôles : positif-négatif, ou le masculin et le féminin, dont l'union sexuelle réconcilie les polarités en en recomposant l'unité.

De ce fait, aucun but ne peut être atteint sans passer par le pôle opposé ; c'est pourquoi la vie n'a de sens que par la mort et vice versa. Toutes deux inséparables, elles représentent la respiration cosmique, le souffle du divin.

Les deux principes contraires tissent la chaîne et la trame de l'immense tapisserie de l'Univers. Le *Zohar*, ouvrage hautement mystique de la religion judaïque, en apporte la confirmation : « Tout ce que Dieu a créé, Il l'a créé en opposant les deux forces mâle et femelle. »

Il n'y a qu'un seul Esprit répandu dans l'Univers, et la vie et la forme, ses pôles positif et négatif, sont *Un*.

L'homme, victime d'une illusion, ignore la polarité qui oppose la vision du monde extérieur à l'expérience intérieure. Pourtant, malgré lui, il éprouve au tréfonds de lui-même les énigmes de la vie, la présence confuse d'un esprit qui vit en lui et d'où il tire ses pensées.

Quand il considère son corps, celui-ci lui pose un problème. Quand il tente d'appréhender intuitivement son être spirituel, psychique, il ne rencontre que mystère insondable. Ces différents états sont le jeu des deux pôles opposés, et la conscience ordinaire est incapable d'appréhender et de comprendre ce phénomène.

La table d'émeraude

« Ce qui est en bas est comme ce qui est en haut et ce qui est en haut est comme ce qui est en bas, par ces choses se font les miracles d'une seule chose. » Le tout est de savoir relier le haut à son bas et réciproquement. Ainsi, dans la simplicité apparente de sa formulation, cet axiome fameux d'Hermès Trismégiste (« le trois fois grand ») rend compte admirablement de l'unicité vivante de l'Univers d'où procède toute chose vivante, qui englobe aussi bien notre chat familier que la rose superbe et notre propre individualité, obéissant sur tous les plans de la manifestation aux mêmes lois, ce qui exclut forcément le hasard. Le hasard étant par définition imprévisible, échappant de par sa nature erratique aux lois, s'il existait, il ne manquerait pas de transformer *ipso facto* le cosmos (du grec, « ordre ») en un désordre échevelé sans queue ni tête.

Car, contrairement à ce que pensent certains savants – pas tous heureusement, et Fritjof Capra n'est pas de ceux-là : son magnifique livre *Le Tao de la physique* (éd. Sand) ouvre de vastes horizons spiritualistes dans la physique moderne –, ce n'est pas ce monde perceptible qui engendre la conscience, c'est notre conscience qui le fabrique jusqu'à son extrême matérialité.

C'est sans doute une semblable vision de la conscience universelle, ressentie intuitivement, qui amena le grand Einstein à dire : « Dieu ne joue pas aux dés. » Mais il ajoutait, un peu pessimiste : « Les physiciens d'aujourd'hui sont presque tous des philosophes bien qu'ils soient enclins à être de mauvais philosophes. Une réflexion assez désabusée qui en dit long sur l'état d'esprit des scientifiques.

Le professeur Alfred Kastler serait-il l'exception qui confirme la règle, puisqu'il ne craint pas de déclarer : « L'idée que le monde matériel s'est créé tout seul, par hasard, me paraît absurde. Je ne conçois l'univers qu'avec un créateur, donc un Dieu. Pour un physicien, un seul atome est si compliqué et si riche d'intelligence que l'univers matérialiste n'a pas de sens. »

Lorsqu'on voit s'écrouler sans fin les unes sur les autres, comme des châteaux de sable, toutes les théories scientifiques qui s'ingénient à rendre compte de ce qu'« est » l'Univers, on ne peut, par conséquent, qu'être hanté par ce mot profond de Pascal : « Nous ne savons le tout de rien. » C'est ce « rien » irritant qui reste à définir et qui alimente la rage de savoir.

Le rêve secret des physiciens

C'est pour ce rien sans doute que la science de notre temps, si brillante par ailleurs – et le second exploit de *Voyager 2* rendant visite à Neptune le prouve amplement –, cette science qui étudie, mesure, calcule, suppute et fouille avec acharnement les lois de la nature, ne craint pas d'introduire dans la modernité de sa pensée rationnelle cette notion de hasard – ou de nécessité, suivant la vision personnelle de Jacques Monod –, commode échappatoire qui lui permet d'éviter une confrontation frustrante et parfois humiliante avec les mystères de l'Univers, qu'elle poursuit sans relâche, bâtissant et rebâtissant des théories, avec une ténacité digne d'admiration, puisque pour elle l'homme est promis au néant, qu'il est le « zéro dans l'infini ».

Michel Crozon, directeur de recherches au CRNS et auteur du livre *La Matière première* (éd. du Seuil), est très explicite : « Les physiciens ont un rêve secret : avoir une équation qui inclut tout l'Univers. » Ce fut le rêve non réalisé d'Einstein. C'est dire que la science court après une chimère plus improbable que la Chimère des légendes. Elle s'essouffle en vain pour répondre aux trois interrogations fondamentales qui emprisonnent l'homme dans un triangle métaphysique douloureux : « D'où venons-nous ? Qui sommes-nous ? Où allons-nous ? »

Éveiller l'être humain

Avons-nous, en tant qu'individus, une mission à remplir ? Sommes-nous projetés contre notre gré sur le théâtre du monde pour jouer une pièce et un rôle qui nous seraient imposés ? Et quand ce rôle est joué, notre travail sur terre est-il accompli ? L'être humain est-il considéré par l'Intelligence infinie comme un élément important, une brique indispensable dans l'édifice universel ?

Sans aucun doute, toutes ces questions sont difficiles à élucider, faute pour l'humanité d'avoir accès au plan divin. Personne, pas plus la science que la religion, ne connaît ce plan.

À la limite, on pourrait même dire que ce n'est pas notre problème, c'est l'affaire de Dieu, ou du Principe premier, peu importe l'appellation. Pour notre part, ne possédant pas plus la réponse que quiconque, tout ce que nous essayons de faire dans ce modeste essai de vulgarisation, c'est entrebâiller une porte sur les « vies dans la Vie ».

Notre but est de « réveiller » l'être humain de son endormissement séculaire, afin de le faire sortir de sa léthargie. Non certes pour lui expliquer le « pourquoi » de sa finalité, qui reste inconnu, mais pour lui permettre d'ouvrir les yeux sur le sens de sa condition dans la vie présente, celle de tous les jours, qui prolonge, sans qu'il en ait conscience, ses autres vies baignant dans l'océan de la Vie universelle ; car nous sommes, tous ensemble, les vagues de cet océan cosmique, à la fois impersonnel, transitoire et immortel.

Puisque nous devons vivre sous les lois de l'Univers et que nous ne pouvons pas les changer, le plus raisonnable et le plus profitable, c'est de les connaître et de coopérer avec elles. En effet, si nous ne les comprenons pas ou si nous les ignorons superbement, voire si nous travaillons contre elles, leurs effets ne s'en feront pas moins sentir.

Ces lois sont là pour amener notre développement, pour nous élever jusqu'à la perfection : « J'avais dit : Vous êtes des dieux », affirme le Psaume 82 (v. 6). Voilà bien la promesse formelle de la perfection à laquelle nous devons aboutir tôt ou tard.

Il serait facile d'objecter que nous n'avons pas de preuve que ces lois spirituelles existent, car il est impossible de les traquer et de les analyser en laboratoire ; mais les scientifiques ne savent pas non plus exactement ce que sont les lois de la gravitation ou de l'électricité, ce qui ne les empêche pas de les utiliser et d'en décrire le fonctionnement.

La loi de réincarnation, qui agit dans le monde spirituel, ne diffère guère des lois matérielles auxquelles nous sommes soumis. Elle opère en nos vies, que nous en soyons conscients ou non, que nous la considérions comme bonne ou mauvaise, que nous y croyons ou que nous la réfutions.

Il en est de même des lois physiques qui nous concernent. Avant de les connaître, nous en étions plus ou moins esclaves ; maintenant que nous les connaissons, nous pouvons les employer à notre profit, au lieu de les subir et de leur être entièrement assujettis. C'est parce que nous avons partiellement dépassé ou vaincu la loi de gravitation que l'homme a pu s'élancer vers la Lune et fouler son sol vierge, mais il n'en demeure pas moins que cette loi existe toujours dans sa brutalité impersonnelle. Si vous vous jetez du 21e étage sans parachute, vous mourrez sûrement : la gravitation « ne vous le pardonnera pas », bien qu'elle n'ait aucune animosité particulière à votre égard !

Le roseau pensant

Depuis peu, l'homme commence à s'élancer de plus en plus haut au-dessus de la surface de sa bulle terrestre, dans laquelle il était enfermé comme dans un cocon. Ces sauts de puce, ces petits bonds ont demandé des siècles de pensée et d'industrie. Depuis peu également, les fusées envoient dans l'espace des hommes qui deviennent « satellites » de la Terre, puis reviennent sur son sol nourricier, prémices de la grande envolée qui projettera peut-être l'être humain dans le monde stellaire, là où vivent et meurent les étoiles.

En accomplissant ces prodiges, l'espèce humaine pourra accéder à des astres, des mondes plus ou moins semblables au nôtre, ou si totalement différents que notre imagination terrienne et anthropomorphique ne peut les concevoir, vertigineux voyages qui vivent déjà dans nos pensées.

Sommes-nous les pensées de la grande « Pensée », nous, humbles roseaux pensants de Pascal ?

Écoutons le témoignage de Werner von Braun, le père des fusées : « La science a montré que rien ne peut disparaître sans laisser de trace. La nature ne connaît aucune sorte d'extinction. Tout n'est que transformation. Si Dieu applique cette loi fondamentale des plus grandes aux plus petites parties de l'Univers, il y a tout lieu de penser qu'il en fait de même pour le chef-d'œuvre de sa création : l'âme humaine. Toutes les sciences tendent à renforcer ma conviction qu'il y a une vie spirituelle après la mort. » Et il ajoutait que la grandeur du cosmos l'avait convaincu de l'existence de Dieu, parce que « les lois naturelles de l'Univers sont si précises que nous n'avons aucune difficulté à construire un vaisseau spatial capable d'atteindre la Lune et nous sommes à même d'en calculer la trajectoire avec une précision d'une fraction de seconde. Ces lois doivent bien avoir été fixées par "quelqu'un". »

Le vieux rêve d'enfant de von Braun s'est réalisé. L'homme a marché sur la Lune. Y a-t-il trouvé Dieu ?

Certainement pas le bon vieillard barbu de l'imagerie enfantine, mais peut-être son idée spirituelle.

Il n'en est pas moins vrai que ces transformations psychologiques et psychiques, qu'on ne s'attendrait pas à trouver chez des hommes de science aussi pragmatiques, ont été consécutives à la vision de la grandeur émerveillante du spectacle du monde : le Soleil, la Terre, les étoiles, l'Univers...

Écrivain de science-fiction, Ray Bradbury, qui a connu un succès retentissant avec ses *Chroniques martiennes*, va encore plus loin. « Je dis que *nous sommes Dieu...* Je vois Dieu comme quelque chose qui croît et se développe à travers les sens et les pensées, qui veut être mortel afin de pouvoir *mourir et renaître*, qui veut aller de l'avant, qui s'élance avec la race humaine pour s'étendre et se répandre dans tout le cosmos. »

C'est sans aucun doute pour préparer cette expansion que les cosmonautes américains Armstrong, Collins et Aldrin déposèrent une plaque commémorative de leur bref passage sur la Lune, dont les termes non équivoques présupposaient l'existence d'autres êtres pensants dans l'Univers : « Ici des hommes de la planète Terre posèrent pour la première fois le pied sur la Lune. Nous sommes venus dans un esprit de paix au nom de toute l'humanité. »

Et de peur que ce message n'ait pas atteint ses destinataires supposés, l'équipage d'*Apollo 12* laissa de nouveau une plaquette : « Puisse l'esprit de paix dans lequel nous sommes venus rayonner sur la vie de l'humanité entière. »

Sans doute, encore plus mystique, l'équipage d'*Apollo 14* déposa-t-il, lui, le microfilm d'une Bible…

Peut-on parler d'une mystique de l'espace ?

L'étrange cérémonial exécuté par Aldrin, le pilote du Lem, que nous rapporte Vincent Cronin dans son très beau livre, plein de passion et d'érudition, *La Terre, le Cosmos et l'Homme* (éd. Denoël), pourrait le faire croire. Voici ce passage assez édifiant : « Aldrin prit la parole à l'antenne : “C'est le pilote du Lem qui vous parle. J'aimerais profiter de cette occasion pour demander à tous ceux qui écoutent ceci, quels qu'ils soient et où qu'ils se trouvent, de s'arrêter pendant quelques instants et de méditer sur les événements de ces dernières heures, et d'en rendre grâce chacun à sa manière.” Étrangement, celle d'Aldrin consista à prendre dans ses effets personnels du pain et du vin consacrés, ainsi qu'un calice provenant de l'Église presbytérienne dont il était l'un des membres. Il posa le tout devant lui sur une petite table, lut quelques passages de la Bible, et procéda au partage du pain et du vin. »

Ce geste symbolique est le pendant de la déclaration stupéfiante de l'astronaute Edgar D. Michell, sixième homme à avoir foulé le sol lunaire : « Nous devons en savoir plus sur les mystères de l'Univers. Ce qu'est la conscience humaine, si elle survit à la mort physique. Nous devons faire entrer les facultés paranormales dans les lois scientifiques et physiques de l'Univers, car pour moi, la vision de la Terre depuis l'espace fut un événement comparable à une expérience religieuse. »

Bigre, voilà des propos d'authentiques scientifiques qui valent leur pesant de métaphysique !

Le dernier mot, avant de clore ce chapitre, nous le laisserons à Vincent Cronin : « Il est intéressant de constater que les sciences de la vie sont sur le point, comme la cosmologie, de réintroduire la notion de "dessein". Si l'on accorde quelque valeur à cette argumentation, quelles conclusions devons-nous en tirer ? Elle ne nous oblige nullement à rejeter la théorie du "grand boum", mais simplement à l'élargir. Et pour un chrétien, il devient possible de réconcilier la cosmologie et la religion. Au commencement était Dieu... et Dieu dit : "Que la lumière soit..." Et la boule d'énergie hyperdense fut. Ce fut Dieu qui orienta son expansion de telle manière que l'on puisse y découvrir un ordre sous-jacent, et peut-être même une intention. L'un des aspects de cette intention, semble-t-il, aura été de rendre possible l'existence d'autres esprits, des esprits capables, comme celui de Socrate, de déduire l'existence d'un Créateur à partir de la nature et de conclure que l'homme ayant reçu le don d'un esprit et d'une volonté libre se trouve entretenir une relation particulière avec *Lui*, d'une manière ou d'une autre. »

L'idée de Dieu ? De mémoire d'homme, on n'a encore rien trouvé de mieux pour relier, maladroitement peut-être, mais sincèrement, la physique et la mystique, deux voies différentes qui représentent les deux forces mâle et femelle par l'entremise desquelles Dieu (?) a créé le monde.

Chapitre XI

Pythagore, Platon... et les autres

> « *L'image mobile de l'Éternité immobile...* »
>
> (Platon, *Timée*)

La réincarnation, enseignement tenu secret dans toutes les religions de l'Antiquité, qui en faisaient la base de leurs Mystères, n'a pas manqué de grands esprits pour en soutenir la probabilité. Elle était pour eux le moyen parfait et logique pour développer complètement dans l'âme humaine toutes les perfections que celle-ci possède en germe.

Ces Mystères – dionysiaques, orphiques, gnostiques... – enseignaient que l'âme est un principe de vie et de mouvement. Éternelle et immortelle, elle libérait, par les purifications et les ascèses, l'« initié » de l'élément corporel qui l'enchaînait et permettait le triomphe du divin qui était en lui.

Les orphiques croyaient que, le corps étant la prison de l'âme, son tombeau, elle devait, par une impérieuse nécessité, s'incarner à nouveau et, d'initiation en initiation, pouvait obtenir son « salut ».

Cette vieille idée de salut sera reprise par le christianisme, qui en fera le pivot de sa doctrine, mais en mettant l'accent sur le travail individuel de perfection qui incombe à chacun. Le salut du genre humain sera tributaire uniquement du sanglant sacrifice du Christ, rachat collectif qui trouvera son expression complète à la fin des temps, dans cette résurrection des corps délivrant toutes les âmes qui étaient dans l'attente... Une eschatologie...

La musique des sphères

C'est au VIe siècle av. J.-C. que naît celui qu'on a appelé le Sage de Samos, Pythagore. Personnage de premier plan, esprit vaste et puissant, thaumaturge, mathématicien, philosophe, Pythagore sera considéré comme le promoteur de la transmigration des âmes. Son rayonnement et sa sagesse ont influencé tous les systèmes philosophiques grecs qui lui succéderont : socratique, stoïcien, platonicien...

Surtout connu pour la découverte du nombre d'or et pour sa théorie sur la musique des sphères, et accessoirement pour son théorème, cauchemar des écoliers, Pythagore, dans ses cercles initiatiques, enseignait la loi d'harmonie qui gouverne l'Univers.

À l'harmonie du cosmos, le macrocosme, correspondait l'harmonie de l'homme, le microcosme. L'idéal pythagoricien était la communion avec le divin. Tous les actes de la vie devaient lui être subordonnés : le choix des aliments, la délectation par la musique, la poésie, le contrôle de soi-même par la rigueur de la tempérance qui domptait les passions du corps, la contemplation de la Vérité, tous ces états provoquaient cette « harmonie » qui guidait l'âme de vie en vie sur la route de la purification. Pythagore aura des disciples, tel Empédocle (484-424 av. J.-C.), philosophe et poète qui suivra ses traces.

Dans son *Traité sur la nature*, Empédocle affirme sa croyance en la pluralité des existences, présentée comme une certitude ; ses écrits ne laissent aucun doute à ce sujet : « Il est impossible que rien ne puisse naître de ce qui n'existe pas et on n'a jamais constaté que ce qui "est" doive périr, ce qui "est" sera toujours en quelque lieu qu'on le place. »

Dans ces quelques lignes, on saisit l'unité profonde de toute chose, l'union intime de l'Univers avec l'homme, ce « fils du ciel étoilé et de la Terre ». Empédocle a parlé en poète de l'errance de l'âme : « En suivant la Discorde, elle s'est parjurée avec impiété, elle erre pendant trois fois dix mille saisons, loin des bienheureux, prenant, au cours des différentes naissances, toutes les formes mortelles et passant par tous les chemins ardus de la vie. C'est pourquoi la puissance de l'éther la plonge dans la mer, la mer la crache sur la terre, la terre la rejette dans les flammes du soleil brûlant qui la lance dans les tourbillons de l'éther : ils la reçoivent à tour de rôle, et tous la détestent... Moi aussi, je suis maintenant une de ces âmes et je fuis les dieux, et j'erre, parce que j'ai obéi à la Discorde furieuse. »

Superbe vision que l'on pourrait qualifier de religieuse dans la pleine acception du terme.

Mais le plus lumineux des philosophes grecs, celui qui a démontré l'origine surnaturelle de l'âme, son essence immortelle – une conception spirituelle qui est passée largement dans le patrimoine de l'humanité –, c'est le divin Platon (428-348 av. J.-C.). Pour lui, les âmes, au moment de la mort, passent dans l'au-delà avec leur degré personnel de valeur morale (les acquis en bien ou en mal) et vont naturellement dans un lieu qui leur ressemble. Les sages vont dans le séjour des dieux (un ciel ?) et les réprouvés dans un lieu de perversité et de dépravation. Pour les « moyens », ni tout à fait sages, ni tout à fait pervers, le lot commun en somme, Platon décrit un séjour temporaire qui ressemble comme une copie conforme au purgatoire catholique, où les âmes pourront méditer sur leurs fautes pendant un laps de temps indéterminé. Puis, quand le désir de rétribution les emportera, elles se réincarneront à nouveau et recommenceront un nouveau cycle.

Platon pense que l'âme, dans sa portion divine et avant sa descente dans la matérialité, a contemplé la beauté des Archétypes, des Idées, le Vrai, le Beau, le Bien, et c'est parce qu'elle en a gardé le souvenir brûlant d'amour qu'elle ressent cette nostalgie des mondes supérieurs. C'est la part divine de son être qui la rappelle vers le haut, vers Dieu, essence de toute chose.

La descente aux Enfers

Les idées pythagoriciennes et l'idéal de Platon envahirent la pensée religieuse romaine, alors assez fruste, par le biais des guerres, quand la *pax romana* pénétra en Asie et en Grèce.

Virgile, doux poète latin (70-19 av. J.-C.), sera tout acquis à ces idées. Dans son *Énéide*, il décrit comment Jupiter, le roi des dieux, accorde à Énée, le valeureux prince troyen, la faveur de descendre aux Enfers pour retrouver son père Anchise. Cet épisode permet à Virgile d'exposer sa croyance en la transmigration. Énée retrouve son père ; Anchise lui explique que pour effacer toutes les souillures des vies consécutives, les âmes sont conduites par un dieu au bord du fleuve Léthé, le fleuve de l'oubli. Là, conscientes de leurs manquements et de leurs défaillances – les « fautes » –, elles reprennent vie en choisissant un nouveau corps dans lequel elles pourront s'améliorer.

Chez Ovide (43 av. J.-C. - 17 ou 18 apr. J.-C.) poète libertin célèbre pour son *Art d'aimer*, la doctrine de Pythagore sera exposée dans *Les Métamorphoses*, mais plus ou moins entachée de métempsycose. Ovide affirme que l'âme, dont il ne conteste pas l'immortalité, abandonne au moment de la mort son enveloppe éphémère et passe dans un nouveau corps, mais ce corps peut être humain, végétal ou animal. C'est dans cette dernière perspective qu'Ovide condamne expressément l'usage de la viande dans la nourriture, et surtout les sacrifices et la divination par les entrailles d'animaux. Sensibilité bien éloignée de la brutalité de mœurs des Romains, pour lesquels la vie d'un homme ou d'un animal était peu de chose.

D'autres grands esprits, tels Sénèque, Tacite, Épictète, Marc Aurèle, suivront le courant pythagoricien avec une philosophie personnelle assez moralisatrice, ce qui ne plaira pas toujours au pouvoir impérial. Les césars admettaient mal les remontrances et Sénèque, précepteur de Néron, se suicidera sur l'ordre de celui-ci – lassé sans doute d'être morigéné – en s'ouvrant les veines.

Alexandrie, la grande cité méditerranéenne, était au IIIe siècle un lieu d'intense fermentation intellectuelle. Toutes les doctrines s'y côtoyaient, le monothéisme juif, le mysticisme grec, les vieilles religions syrienne, babylonienne, les Mystères antiques ou rénovés, dans un bouillonnement spirituel mêlant le pire et le meilleur.

Le chef de file de l'école néoplatonicienne d'Alexandrie fut Plotin (205-270 apr. J.-C.). C'était un mystique, à la fois rationnel et équilibré, mélange rare. Partant de la croyance en la transmigration, son idée centrale était que l'âme immortelle se dégradait à partir d'un foyer central, Dieu, d'où par voie de conséquence son retour obligatoire vers l'Être, l'Intelligence, l'Essence. Plotin fut un ascète, un « saint ». Il forma quelques disciples à ses idées, se retira du monde et mourut dans la solitude la plus complète.

Quand le christianisme deviendra religion d'État par l'édit de Constantin, en 313, les concepts pythagoriciens et la philosophie platonicienne rentreront dans l'ombre et la clandestinité, tout en gardant un courant sous-jacent.

Pour étayer la nouvelle doctrine, les docteurs et Pères de l'Église poursuivront avec acharnement toutes les idées subversives contraires au dogme, surtout les « hérésies », arianisme, docétisme, manichéisme, et particulièrement la gnose, science secrète réservée à quelques initiés, qui encourra les foudres de la théologie. Plus question de la pluralité des existences, seule prévaudra l'attente de la résurrection et de cette fin des temps qui verrait la destruction de l'univers par le feu, ainsi que la fin de l'humanité, ce qui amènerait forcément l'extinction du péché originel qui se perpétuait depuis Adam et... Ève.

L'hypothèse de la réincarnation, à cette période foisonnante de religiosité, n'aura qu'un seul défenseur, Origène. Ses idées frappées d'anathème furent condamnées définitivement en 543 par l'empereur Justinien et le synode de Constantinople. Cette décision fut approuvée par Rome et ratifiée par le pape Vigile en personne.

Cependant, l'idée platonicienne de transmigration continuera de cheminer secrètement et nous la verrons ressurgir dans la philosophie médiévale. Pour elle, Abélard, théologien et philosophe scolastique, sera exilé, Campanella, philosophe italien, passera vingt-sept ans en prison, Giordano Bruno montera sur le bûcher, condamné par l'Inquisition...

À la Renaissance, les penseurs et humanistes Paracelse, Érasme, Jacob Boehme, etc., brimés par la théologie catholique, se réfugieront dans les écrits de la kabbale mystique et tenteront une synthèse des doctrines chrétienne et pythagoricienne, sans succès, puisque leurs écrits seront toujours suspects pour l'Église, qui a toujours éprouvé à l'égard du mysticisme une grande défiance.

La révolution cartésienne éloignera pour un moment les idées de Platon par un rejet pur et simple de la tradition, instaurant la séparation de la foi et de la raison. Ce courant cartésien va déferler sur l'Europe, et la réincarnation, totalement oubliée, ne sera plus qu'une « idée » biscornue et étrange, peu digne de pénétrer dans le temple de la philosophie.

Pourtant, nous verrons cette idée refleurir par à-coups, par exemple avec Leibniz, disciple « hérétique » de Descartes, pour retomber avec Hegel.

Au XIXe siècle, les idées pythagoriciennes et platoniciennes repartent avec les philosophes modernes : Fourier, Bergson, Emerson, Edison. Des écrivains, des poètes : Victor Hugo, Balzac ; Goethe, Villiers de L'Isle-Adam, Baudelaire, Edgar Poe, Rimbaud, Rudolph Steiner. Des peintres : Gustave Moreau, Gauguin, Salvador Dali. Des chefs d'État : Napoléon, Lincoln, Benjamin Franklin. Des savants : Einstein, von Braun, C. Jung. Des musiciens : Mozart, Wagner, Berlioz, Ravel, Debussy. Des auteurs modernes : Somerset Maugham, Armand Salacrou, Jean Cocteau. Un industriel : Henry Ford. Un cinéaste : Spielberg. Un acteur : Jean le Poulain. Le génial couturier Paco Rabanne qui ne craint pas d'affirmer haut et fort sa croyance en la réincarnation…

La liste de tous ces grands esprits n'est pas exhaustive et il aurait été fastidieux, tant ils sont nombreux et divers, de les passer tous en revue. Cela pourrait faire l'objet d'un autre livre qui deviendrait le dictionnaire des réincarnationistes ! Il est bien évident que la conclusion de ce livre n'apporte pas la « preuve » formelle de la pluralité des vies. Ce n'était que l'exposé succinct d'une hypothèse confrontée aux problèmes que pose la foi dans son optique moderne, c'est-à-dire sa dégénérescence et son renouveau actuel.

Cette hypothèse serait-elle la « solution » ?

Il ne nous appartient pas de trancher *urbi et orbi*, seule Rome détient ce pouvoir ! Malgré tout, il nous a paru judicieux et éminemment poétique de clore tous ces aperçus philosophiques, mystiques et théologiques sur un simple vers que nous devons au poète anglais George Meredith : *Dans la main qui a créé la rose, tomberai-je en tremblant ?* Si Dieu est amour, comme le dit la Bible, peut-on avoir peur de l'amour ?

Bibliographie

Henry AUBIN, *Les Univers parallèles*, éd. Présence.
Shri AUROBINDO, *La Pratique du yoga intégral*, éd. Albin Michel.
BARDO THODOL *Le Livre des morts tibétains*, éd. A. Maisonneuve.
Morey BERNSTEIN, *À la recherche de Bridey Murphy*, éd. J'ai lu.
La Bible, traduction Louis Segond.
Jean BOTTERO, *Naissance de Dieu*, éd. Gallimard.
Jacques BROSSE, *Les Maîtres spirituels*, éd. Bordas.
Père François BRUNE, *Les morts nous parlent*, éd. du Félin.
Fritjof CAPRA, *Le Tao de la physique*, éd. Sand.
Jean CHARON, *L'Esprit cet inconnu*, éd. Albin Michel.
André CRESSON, *Saint Thomas d'Aquin*, éd. des Presses universitaires.
Vincent CRONIN, *La Terre, le Cosmos et l'Homme*, éd. Denoël.
Alexandra DAVID-NEEL, *Immortalité et réincarnation*, éd. du Rocher.
Mircea ELIADE, *Le Sacré et le Profane*, éd. Gallimard.
A. des GEORGES, *La Réincarnation des âmes*, éd. Albin Michel.

Joan GRANT et Denis KELSEY, *Nos vies antérieures*, éd. J'ai lu.
Jeanne GUESNE, *La Conscience d'être, ici et maintenant*, éd. Arista.
Serge HUTIN, *Théosophie, à la recherche de Dieu*, éd. Dangles.
C.-G. JUNG, *Ma vie*, Éd. françaises.
Élisabeth KUBLER-ROSS, *La Mort, dernière étape de la croissance*, éd. du Rocher.
Jean MARKALE, *Montségur et l'énigme cathare*, éd. Pygmalion.
Raymond MOODY, *La Vie après la vie*, éd. Robert Laffont.
Dominique PALADILHE, *Les Grandes Heures cathares*, éd. Perrin.
PAPUS, *La Réincarnation*, éd. Dangles.
Jean de PAULY, *Le Livre de la splendeur, le Zohar*, éd. Lattès.
Louis PAUWELS et Jacques BERGIER, *Le Matin des magiciens*, éd. Gallimard.
Jean-Charles PICHON, *Les Jours et les Nuits du cosmos*, éd. Robert Laffont.
Isola PISANI, *Mourir n'est pas mourir*, éd. Robert Laffont.
Kenneth RING, *Sur la frontière de la vie*, éd. Robert Laffont.
Marquès RIVIERE, *Histoire des doctrines ésotériques*, éd. Payot.
Louis ROUGIER, *La Genèse des dogmes chrétiens*, éd. Albin Michel.
Alexandre SAFRAN, *La Cabale*, éd. Payot.
Léo SCHAYA, *L'Homme et l'absolu selon la Kabbale*, éd. Dervy-Livres.
Frithjof SCHUON, *Forme et substance dans les religions*, éd. Dervy Livres.
Frithjof SCHURE, *Les Grands Initiés*, éd. Perrin.
Rudolf STEINER, *Le Sens de la mort*, éd. Triades.
Pierre TEILHARD DE CHARDIN, *L'Énergie humaine*, éd. du Seuil.

Bernard TEYSSEDRE, *Anges, astres et cieux*, éd. Albin Michel.
Herbet THURSTON, *Les Phénomènes physiques du mysticisme*, éd. du Rocher.
VAN ERSEL, *La Source noire*, éd. Grasset.
Immanuel VELIKOVSKY, *Mondes en collision*, éd. Stock.
Lyall WATSON, *Histoire naturelle du surnaturel*, éd. Albin Michel.

Table des matières

Composé par Nord Compo
à Villeneuve-d'Ascq
Achevé d'imprimer en février 2008
sur les presses de **Bussière**, en France
Dépôt légal : février 2008
N° d'éditeur : 10192
N° d'imprimeur : 080253/1
Imprimé en France